U0813575

21 世纪立体化中等职业学校规划教材·财经系列

新编成本会计实务
（第2版）

张庆春　张洪蕾　主　编

郭　磊　李淑清　罗妙华　李国志　副主编

電子工業出版社
Publishing House of Electronics Industry
北京·BEIJING

内容简介

本教材依据财政部颁布的《企业会计准则》及其准则指南编写。内容包括成本会计相关概念，成本核算的基本要求、一般程序及账户设置，要素费用的归集和分配，辅助生产费用的归集和分配，制造费用的归集和分配，废品损失和停工损失的归集和分配，生产费用在完工产品成本和在产品成本之间的分配方法，产品成本计算的基本方法，产品成本计算的辅助方法，以及成本报表的编制与分析 10 个模块。各模块按业务特点分成具体核算任务来编写，每个任务分成任务目标、知识要点、业务认知，每个模块最后有模块小结、思考与实践、关键练习，分别用于介绍业务内容和过程、讲解业务核算办法、扩大学生知识范围和简要练习主要知识点。

本教材紧密联系会计实际，突出实用性和操作性，适合作为职业学校财经类专业和相关管理类专业的专业课教材，也可作为在职培训和自学教材。

图书在版编目(CIP)数据

新编成本会计实务/张庆春，张洪蕾主编. --2 版. --北京：电子工业出版社，2013.7
21 世纪立体化中等职业学校规划教材. 财经系列
ISBN 978-7-121-20611-5

Ⅰ. ①新…　Ⅱ. ①张… ②张…　Ⅲ. ①成本会计—中等专业学校—教材　Ⅳ. ①F234.2

中国版本图书馆 CIP 数据核字(2013)第 120260 号

策划编辑：陈虹
责任编辑：陈虹　　特约编辑：胡伟卷
印　　刷：北京七彩京通数码快印有限公司
装　　订：北京七彩京通数码快印有限公司
出版发行：电子工业出版社
　　　　　北京市海淀区万寿路 173 信箱　邮编 100036
开　　本：787×1 092　1/16　印张：12.75　字数：318.2 千字
版　　次：2010 年 3 月第 1 版
　　　　　2013 年 7 月第 2 版
印　　次：2021 年 1 月第 8 次印刷
定　　价：26.00 元

凡所购买电子工业出版社图书有缺损问题，请向购买书店调换。若书店售缺，请与本社发行部联系，联系及邮购电话：(010)88254888，88258888。

质量投诉请发邮件至 zlts@phei.com.cn，盗版侵权举报请发邮件至 dbqq@phei.com.cn。

本书咨询联系方式：电话 010-62017651；邮箱 fservice@vip.163.com；QQ 群 427695338；微信 DZFW18310186571。

第2版前言

为适应中职学校会计专业教学改革的需要，我们于2010年组织编写了《新编成本会计实务》。几年来，该教材受到了广大师生和社会读者的好评。与此同时，广大读者对本教材也提出了一些宝贵的意见，并要求修订再版。因此，我们编写了《新编成本会计实务（第2版）》。

在本次修订过程中，我们广泛征求了中职学校教师、学生、企业财务人员和其他读者的意见，除保持本书初版时的内容、结构体系之外，吸取了成本会计学发展的新知识、新理论、新方法，力求使《新编成本会计实务（第2版）》既具有前瞻性又具有应用性，真正符合职业学校培养学生的要求。

本教材在编写中突出“以就业为导向，以学生为主体，着眼于学生职业生涯发展”的编写理念，注重培养学生自主学习、自主探究的能力，将成本核算能力、报表编制与分析能力作为职业能力目标，将良好的职业道德与合作创新精神作为素质目标。

本教材编写采取以项目为导向、任务为驱动的课程模式，将教学内容细分为若干个模块，并将模块细化为若干项任务，通过对任务的认知、理解和演练完成任务目标。

本教材注重做中学、做中教，突出理实一体化的教学模式，使学生在仿真环境下模拟企业的实际运作，提高学生成本核算的能力。

本教材由张庆春、张洪蕾任主编，负责全书的统稿、修改和定稿，由郭磊、李淑清、罗妙华、李国志任副主编。全书共分10个模块，参加编写人员分工如下：模块一、模块二由李淑清编写；模块三由郭磊编写；模块四由罗妙华编写；模块五由张洪蕾编写；模块六由李国志编写；模块七由张庆春编写；模块八由张春荣编写；模块九由郑华兴编写；模块十由刘明联编写。

本教材在编写过程中，得到了黑龙江省贸易经济学校、河南省财经学校、唐山市对外经济贸易学校、烟台理工学校、福建龙岩财经学校、广东经济贸易学校、丹东职业学校的大力支持，在此表示衷心感谢。

本教材配有电子课件以适应多媒体教学的需要。

《新编成本会计实务（第2版）》将以崭新的面貌展示给广大读者，但由于编者水平有限，本教材仍难免有不妥与错误之处，恳请同仁和读者批评指正。

编　者

第1版前言

根据教育部颁布的《中等职业教育会计专业教学指导方案》的规定，成本会计课程为中职学校会计专业的必修课程之一。作为会计类专业的核心专业课程教材，现有的成本会计教材版本较多，可以说是各具特色，但真正符合职业院校特定教学目标和培养方向的教材却并不多见。随着我国市场经济的发展和对外开放的进一步扩大，财政部近年来公布了《企业会计准则》、《企业财务通则》等一系列财会法规文件。为了适应新时期我国市场经济对应用型会计人才的需求，使成本会计教学能跟上新形势，我们在总结多年来成本会计理论与实践教学经验的基础上，本着以学生为主体、以市场为导向、以能力为本位的指导思想，紧密结合我国新会计准则改革内容编写了这本教材。

随着职业院校课程改革的不断深入，职业院校对教学改革、课程整合的呼声日益强烈，宽基础、重实践、重技能的培养方向已经成为大家的共识。在教材的编写过程中，我们对职业院校成本会计教学改革的实际需求进行了广泛而深入的调查研究，并邀请相关院校的财会专业教师和企业相关专业人员进行研讨，结合职业教育的特点，力求在教材形式以及教材语言等方面有所突破。在确保知识的准确性以及实用性的基础上，我们更加注重将教材的知识性和趣味性相结合，以提高学生对“成本会计”课程的学习兴趣。

本教材有如下特点。

1. 针对性强

本教材针对中等职业学校学生现有的知识水平，以培养学生成本会计基本能力——基本操作能力、简单的逻辑思维能力和简单的实际应用能力为教学基点，尽量满足不同层次学生的需要。

2. 专业性强

本教材在内容的选择上坚持“少而精”的原则，不但追求知识的系统性，还围绕着专业学习的实际进行编排。

3. 实用性强

本教材把解决专业实际问题作为教学重点，书中精心编写了大量的应用型例题和习题，这些习题大多来自生产和生活实际，学生掌握后可立刻应用到生产和专业实践中。

本教材由张庆春、徐素波任主编，郭磊、张洪蕾、洪宇平任副主编。具体分工如下：张庆春编写模块二；徐素波编写模块一和模块七；张洪蕾编写模块五和模块六；郭磊编写模块三和模块四；洪宇平编写模块八；宋新波编写模块九；芦桂华编写模块十。全书由徐素波、张庆春统稿。

在本教材的编写过程中，得到了黑龙江省贸易经济学校、广东经济贸易学校、河南省财经学校、丹东职业学校的大力支持，在此表示衷心感谢。

本教材配有电子课件以方便读者使用。

由于编者水平有限，书中难免有疏漏和不足之处，敬请广大读者批评指正。

编 者

目　录

模块一 成本会计相关概念

模块导入

成本会计主管:张兴

嗨,大家好!我是成本会计主管张兴,下面由我来告诉大家什么是成本会计及其一些基本概念。成本会计是企业会计的重要组成部分,是指为了求得产品的总成本和单位成本而核算全部生产费用的会计。它的主要任务是:对企业发生的各项费用进行审核、控制,制止各种浪费和损失,以节约费用,降低成本;核算各种生产费用、经营管理费用和产品成本,为企业生产经营管理提供所需的成本、费用数据;分析各项消耗定额和成本计划的执行情况,以进一步挖掘节约费用、降低成本的潜力。

在这一知识模块中我会让大家重点理解支出、费用和成本这 3 个基本概念,掌握成本会计核算的基本内容及成本会计的基础工作和工作组织。

任务一 支出、费用和成本

任务目标

通过本任务的学习,你应该能够:

1. 了解什么是支出。
2. 了解什么是费用。
3. 了解什么是成本。
4. 理解和掌握在一个企业中,支出、成本和费用三者之间的联系和区别。

知识要点

基本概念
- 支出
- 费用
- 成本
- 以上三者之间的关系

业务认知

我们在生活中经常听到“支出”、“成本”、“费用”这几个词，它们是一个概念还是有区别呢？如果有区别，那么区别在哪里呢？下面就解释一下这3个容易混淆的概念。

一、支出、成本和费用的含义

（一）支出

所谓支出，是指一个企业经济资源的流出，即企业在生产经营过程中为获得另一项资产、清偿债务所发生的资产的流出。例如，企业为购买材料、办公用品等支付或预付的款项；为偿还银行借款、应付账款及支付账款或支付股利所发生的资产的流出；为购置固定资产、支付长期工程费用所发生的支出，等等。就某一会计期间而言，支出可能是现金支出，也可能是非现金支出；就长期而言，所有支出最终由现金支出来实现。

（二）费用

企业在生产经营过程中，必然要发生各种耗费，包括原材料等劳动对象的耗费、机器设备等劳动手段的耗费，以及人工等活劳动的耗费。因此，费用是企业生产经营过程中发生的各项耗费的总称。

为了合理地确认和计量费用，正确地计算产品成本，应恰当地对费用进行分类。对费用进行分类有不同的分类标准，具体如下。

1. 按照费用的经济内容（或性质）分类

费用按经济内容（或性质）进行分类，可分为劳动对象方面的费用、劳动手段方面的费用和活劳动方面的费用三大类。这在会计上称为生产费用要素，一般由以下9个项目组成。

① 外购材料，是指企业为进行生产而耗用的从外部购入的原材料及主要材料、半成品、辅助材料、包装物、修理用备件和低值易耗品等。

② 外购燃料，是指企业为进行生产而耗用的从外部购入的各种燃料，包括固体燃料、液体燃料和气体燃料。

③ 外购动力，是指企业为进行生产而耗用的从外部购入的各种动力，包括热力、电力和蒸汽等。

④ 工资，是指企业所有应计入生产费用的职工工资。

⑤ 提取的职工福利费，是指企业按照工资总额的一定比例计提并计入费用的职工福利费。

⑥ 折旧费，是指企业所有或控制的固定资产按照使用情况计提的折旧费。

⑦ 利息支出，是指企业计入期间费用等的负债利息净支出（即利息支出减利息收入后的余额）。

⑧ 税金，是指计入企业成本费用的各种税金，如印花税、房产税、车船使用税和土地使用税等。

⑨ 其他费用，是指不属于以上各费用要素的费用。

费用按经济内容进行分类，可以反映企业在一定时期内发生了哪些生产费用，金额各是多少，以便分析企业各个时期各种费用占整个费用的比重，进而分析企业各个时期各种要素费用支出的水平，从而有利于考核费用计划的执行情况。

2. 按照费用的经济用途分类

费用按经济用途进行分类，首先要将企业发生的费用划分为应计入产品成本、劳务成本的费用和不应计入产品成本、劳务成本的费用两大类。对于应计入产品成本、劳务成本的费用再继续划分为直接费用和间接费用。其中，直接费用包括直接材料、直接人工和其他直接费用，间接费用指制造费用。对于不应计入产品成本和劳务成本的费用再继续划分为管理费用、财务费用和销售费用。

① 直接材料。这是指企业在生产产品和提供劳务过程中所消耗的直接用于产品生产、构成产品实体的原料及主要材料、外购半成品（外购件）、修理用备件（备品配件）、包装物、有助于产品形成的辅助材料及其他直接材料。

② 直接人工。这是指企业在生产产品和提供劳务过程中，直接从事产品生产的工人工资及按生产工人工资总额和规定的比例计算提取的职工福利费。

③ 其他直接费用。这是指企业发生的除直接材料费用和直接人工费用以外的，与生产产品或提供劳务有直接关系的费用。

直接费用应当根据实际发生数进行核算，并按照成本计算对象进行归集，直接计入产品的生产成本。

④ 制造费用。这是指企业生产车间为生产产品和提供劳务而发生的各项间接费用，包括工资和福利费、折旧费、修理费、办公费、水电费、机物料消耗、劳动保护费、季节性和修理期间的停工损失等，但不包括企业行政管理部门为组织和管理生产经营活动而发生的管理费用。

⑤ 期间费用。这是指企业当期发生的必须从当期收入得到补偿的费用。由于它仅与当期实现的收入相关，必须计入当期损益，所以称为期间费用。期间费用主要包括行政管理部门为组织和管理生产经营活动而发生的管理费用、为筹集资金而发生的财务费用、为销售商品而发生的销售费用等。

费用按经济用途进行分类，能够明确地反映出直接用于产品生产上的材料费用是多少、工人工资是多少，耗用于组织和管理生产经营活动上的各项支出是多少，从而有助于企业了解费用计划、定额、预算等的执行情况，控制成本费用支出，加强成本管理和成本分析。

（三）成本

生产成本是相对于一定的产品而言所发生的费用，是按照产品品种等成本计算对象对当期发生的费用进行归集而形成的。因此，成本是按一定对象所归集的费用，是对象化了的费用。

二、支出、费用和成本之间的关系

通过以上定义可以看出支出、费用和成本三者之间既有联系，又有区别。

支出、费用和成本三者都最终体现企业资源的流出，只是表达的角度不一样。例如，你花了钱，是你的一项支出，这时候，账面要显示一项费用（销售费用、财务费用、管理费用），或者计入成本（生产成本、制造费用）。

支出比费用范围要广泛。企业所有的花销都可称为支出，但只有那些在企业生产经营活动中为取得营业收入而发生的各种支出，才是费用；其他原因发生的支出，如偿还借款、支付应付账款、为分配利润而支付的款项、为购买固定资产而支付的款项等都与营业收入无关，都不能构成企业的费用；支出或早或迟最终会转化为费用，但并不是所有的支出在一发生时，就是费用。费用的范围又比成本广泛，成本只是能归集到产品中的费用。

小知识

会计的称谓的变化

以前会计的称谓是会计员、助理会计师、会计师、高级会计师，现在则改成会计员、助理会计师为初级职称，会计师为中级职称，高级会计师为高级职称。经济师与会计师相同，也经过了这样的改变。

注册会计师是一种职业，注册税务师、资产评估师同样也是一种职业。

以前会计师和经济师可以通过工作经历来评定得到，根据单位的规模、行政级别，有不同的分配名额，现在则要通过全国的考试。而注册会计师等，也是需要通过全国性的考试才能获得的。参加注册会计师的考试，只要有大专及以上的学历即可。

以前具备财经类大专或以上学历的人可以直接获得会计从业资格证（会计证），现在则需通过上岗证的培训，通过考试获得。

任务二　成本会计的概念和内容

任务目标

通过本任务的学习，你应该能够：

1. 了解成本会计的概念。
2. 了解成本会计的对象。
3. 掌握成本会计的内容。

知识要点

主要内容
- 成本会计的概念
- 成本会计的对象
- 成本会计的内容

业务认知

在前一项任务中，大家知道了成本会计中比较重要的几个基本概念。但是，作为一名合格的成本核算人员，仅仅知道几个概念是不够的，还必须掌握有关成本的具体核算方法和计算要求。这些方法和具体要求与财务会计相比有很大的不同，因此，必须通过另外一门会计学科——成本会计来进行全面系统的学习和理解。在学习具体的核算方法之前，还是先介绍什么是成本会计，成本会计的核算对象是什么，以及成本会计的核算内容有哪些。

一、成本会计的概念

成本会计是随着商品经济的发展而逐步形成和发展起来的。随着成本会计的发展，人们对它的认识也在不断地加深。

早在小商品经济时期，工场主为了确定商品价格和经营盈亏，就开始试图计算商品的成本。但那时计算成本的方法比较简单，仅依靠一些统计和技术方法对成本（主要是生产过程中发生的直接费用）进行汇总和估算，因此，当时所计算的成本精确度比较差。

到了资本主义时期，尤其是在19世纪工业革命以后，由于铁路的迅速发展和机器的大规模使用，折旧费等间接费用急剧增加，在成本计算中如何合理地分摊各种间接费用的问题，也就变得格外重要。另一方面，随着资本主义市场竞争的日趋激烈，成本核算和降低成本等问题也越来越受到资本家的重视。在这种情况下，为了提高成本计算的精确性，资本家将成本计算的任务交给了企业会计人员，从而使成本计算这项工作变得专业化和系统化。会计人员将成本计算与复式记账制度进行了有效的结合，于是就形成了成本会计。

20世纪初，成本会计的职能从成本核算向成本控制等方面发生扩展。在这一时期，成本会计不仅需要描述企业生产费用的发生情况，而且还要对比和检查各项标准和预算的执行情况，并进行差异分析，以此达到有效控制经济资源的目的。

第二次世界大战以后，随着科学技术的迅速发展，企业规模日益扩大，生产经营更加复杂，企业之间的竞争也更加激烈，成本会计的内容更加丰富，职能更加扩展，形式更为多样，从而形成了现代成本会计。

综上所述，成本会计是企业财务会计的一个分支，成本会计是在成本计算的基础上建立和发展起来的，以提高经济效益为目的，运用财务会计方法，对在企业生产经营活动中的成本、费用进行核算和监督的一种管理活动。

成本会计的概念有广义和狭义两种。

狭义的成本会计通常是指成本核算，是按照一定的程序、标准和方法，对企业发生的各项费用进行归集和分配，从而计算出产品总成本和单位成本的一系列程序和方法。

广义的成本会计不仅包括成本核算，而且还包括成本预测、成本决策、成本预算、成本控制和成本考核等方面的内容。

二、成本会计的对象

成本会计的对象是指成本会计反映和监督的具体内容。

一般来说，成本会计的对象是企业在生产经营过程中发生的生产费用和期间费用。

具体地讲，成本会计的对象包括以下4个方面。

1. 生产过程中各种生产费用的支出和产品生产成本的形成

生产过程中发生的生产耗费主要包括原料及主要材料、辅助材料、燃料等的各种劳动对象的耗费；生产单位（如分厂、车间）固定资产计提的折旧；直接生产人员及生产单位管理人员的工资；其他一些货币支出，等等。这些耗费构成工业企业在产品生产过程的全部生产费用，其中为生产一定种类和一定数量产品而发生的各种生产费用支出的总和构成产品的生产成本。

2. 销售过程中销售费用的支出和归集

销售过程中发生的各种费用支出有应由企业负担的运输费、装卸费、包装费、保险费、展览费、广告费，以及为销售本企业商品而专设销售机构发生的各种费用等。这些费用构成企业的销售费用。

3. 企业管理费用的支出和归集

行政管理部门为组织和管理生产经营活动发生的费用有企业行政管理部门人员的工资、差旅费、固定资产折旧、业务招待费、坏账损失等。这些费用构成管理费用。

4. 企业财务费用的支出和归集

企业为筹集生产经营所需资金发生的费用有利息净支出、汇兑净损失、金融机构的手续费等。这些费用构成企业的财务费用。

由于销售费用、管理费用和财务费用与产品生产没有直接联系，按照企业会计准则的规定，不计入产品成本，直接计入当期损益，构成企业的期间费用。

三、成本会计的内容

（一）成本预测

成本预测是指依据成本与各种技术经济因素的依存关系，结合发展前景及采取的各种措施，并利用一定的科学方法，对未来期间成本水平及其变化趋势做出科学的推测和估计。

它的主要内容包括以下几个方面。

① 在编制成本计划时，应预测企业计划期目标成本，以及在产品产量、品种、质量、价格等因素发生变化时的总成本水平和成本变化的趋势。

② 在生产过程中，根据生产预测和计划，对期中成本进行预测，从而揭示成本计划的执行情况和完成程度。

③ 根据日常的核算资料和经营管理的状况，预测单位产品成本水平的变化趋势。

④ 运用各项成本指标和有关资料预测企业各项技术经济工作的经济效果。

预测是着眼未来、展望未来，对企业的生产经营前景进行估计，目的在于寻找降低产品成本的途径，挖掘降低成本的潜力，为编制最优成本计划提供科学依据。

（二）成本决策

成本决策是指运用决策理论，根据成本预测及有关成本资料，运用定性与定量的方法，选择最佳成本方案的过程。成本决策可分为宏观成本决策和微观成本决策。它贯穿于整个生产经营过程，涉及面广，因此，在每个环节都应选择最优的成本决策方案，才能达到总体的最优。

企业成本决策的构成内容主要有以下几个方面。

① 合理生产批量的成本决策。

② 零部件自制或外购的成本决策。

③ 接受追加独立核算订货的成本决策。

④ 亏损产品应否停产的成本决策。

⑤ 产品转产的成本决策。

⑥ 自制半成品出售或进一步加工的成本决策。

⑦ 产品薄利多销的成本决策。

做出最优化的成本决策，是制定成本计划的前提，也是实现成本目标和提高经济效益的重要途径。

（三）成本计划

成本计划是指在成本预测和决策的基础上，根据计划期的生产任务、降低成本的要求及相关资料，通过一定的程序，运用一定的方法，以货币计量形式表现计划期产品的生产耗费和各种产品成本水平，作为控制与考核成本的重要依据。

企业的成本计划一般包括以下两部分内容。

① 按照生产要素确定的生产耗费，编制生产费用预算。例如，变动性制造费用采用弹性预算，固定性制造费用采用固定预算。

② 按照生产费用的经济用途，即按产品成本项目编制产品单位成本计划和全部商品产品成本计划。

编制成本计划对于做好成本计划工作，提高企业领导和职工降低成本的自觉性，克服盲目性，严格控制生产费用支出，挖掘降低成本的潜力，保证完成成本计划任务，提高产品的经济效益，都有着重要的意义。

（四）成本控制

成本控制是指在产品成本形成过程中，通过对产品成本形成的监督及时纠正发生的偏差，采取纠正措施，使生产经营消耗过程发生的各种消耗和费用，被限制在成本计划和费用预算标准的范围内，以保证达到降低产品成本的目标。

成本控制的基本内容包括以下几个方面。

① 对各种费用开支进行控制。

② 对各项生产经营活动所消耗的物质资料进行控制。

③ 对各项生产经营活动进行控制。

成本控制企业一般应按成本费用发生的时间先后划分为事前控制、事中控制、事后控制3个阶段，也就是成本控制循环中的设计阶段、执行阶段、考核阶段。

通过成本控制使企业产品成本按照人们事先测算确定的成本水平进行，防止与克服生产过程中损失和浪费现象的发生，使企业的人力、物力和财力得到合理利用，达到节约各项消耗、降低产品成本、提高经济效益的目的。

（五）成本核算

成本核算是指对生产费用发生和产品成本形成的核算。它是按照企业的生产工艺和生产组织的特点及对成本管理的要求确定的，采用与成本计算相适应的成本计算方法，按规定的成本项目，严格划分各种费用的界限，生产费用通过一系列的归集与分配，从而计算出各种产品或劳务的总成本和单位成本。因此，成本核算过程，既是对生产耗费进行归集、分配及对象化的过程，也是对生产中各种劳动耗费进行信息反馈和控制的过程。通过成本核算提供的实际成本资料与计划成本等目标成本比较，可以了解成本计划完成的情况，同时为编制下期成本计划、进行成本预测和决策提供资料，并为制定产品价格提供依据。

（六）成本分析

成本分析是指利用成本核算资料和有关资料，以本期实际成本与目标成本、上期实际成本、国内外同类产品的成本进行比较，以便了解成本升降变动情况及变动的因素和原因，并分清单位与个人的责任，提出建议，进而采取有效措施，达到降低成本的目的。

分析的目的在于通过分析、总结、评价，寻找降低成本的途径，鼓励先进，鞭策后进，进一步完善成本管理责任制，调动积极性，更好地履行经济责任，提高成本管理水平。

（七）成本考核

成本考核是指定期对成本计划及有关指标实际完成情况进行考察和评价。成本考核是以部门、单位或个人为责任者的对象，以可控成本为条件，以责任的归属来考察成本指标完成情况，评价工作业绩和决定奖惩的方法。

成本考核的指标主要有以下4点。

① 全部商品产品实际成本比计划成本降低率。

② 可比产品成本降低率。

③ 各种主要商品产品单位成本降低率。

④ 成本差异率及有关的技术经济指标等。

（八）成本检查

成本检查是成本监督的一种形式，它通过对企业成本管理各项工作的检查，揭露矛盾，明确责任，保证成本制度和财经纪律的贯彻执行，改进成本管理。成本检查可以由企业外部有关机构进行，也可由企业内部专门人员执行，既可以定期检查，也可以突击检查。

成本检查的内容一般包括以下4点。

① 企业成本管理责任制的建立和执行情况。

② 成本管理基础工作是否健全和完善。

③ 成本核算方法程序是否正确，数据是否真实，成本数据所反映的生产费用支出是否合理合法，是否符合成本开支范围。

④ 成本计划及其执行情况。

任务三　成本会计的基础工作和工作组织

任务目标

通过本任务的学习，你应该能够：

1. 了解成本会计基础工作的主要内容。
2. 了解如何设置成本会计机构。
3. 理解和掌握如何选择合适的成本核算方式和组织形式。
4. 了解成本会计人员配备的要求。

知识要点

主要内容：
- 成本会计基础工作内容
- 成本会计机构
- 成本核算方式和组织形式
- 成本会计人员配备要求

业务认知

在前一项任务中，我们知道了什么是成本会计及成本会计的内容。作为一个企业，要想做好成本核算和成本管理工作，正确地设置会计机构、选择合适的成本核算方式和组织形式及合理地配备必要的成本会计人员是前提和保障。否则，这个企业的成本管理一定是混乱的。接下来介绍怎样做好上述基本工作。

一、成本会计基础工作的主要内容

成本会计的基础工作主要包括以下几个方面。

① 设置成本会计机构。

② 选择合适的成本核算方式和组织形式。

③ 配备必要的成本会计人员。

二、设置成本会计机构

成本会计机构是处理成本会计工作的职能单位。它根据企业规模和成本管理要求来考虑，在专设的会计机构中是单独设置成本会计科、室或组等，还是只配备成本核算人员来专门处理成本会计工作。

成本会计机构是在企业中组织、领导并直接从事成本会计工作的机构。

① 大中型企业可在专设的会计部门中，单独设置成本会计机构，专门从事成本会计工作。

② 在规模较小、会计人员不多的企业，可以在会计部门中指定专人负责成本会计工作。

③ 有关职能部门和生产车间，也应根据工作需要设置成本会计机构，或者配备专职、兼职的成本会计人员，负责该职能部门和生产车间成本会计工作。

小知识

如何设置成本会计机构

成本会计职能机构的设置及业务分工与企业组织管理体制有密切联系，通常有集中核算和非集中核算两种组织形式。以工业企业为例，在集中核算的管理体制下，厂部成本会计职能机构是成本会计的综合部门，集中处理全厂的成本会计工作，具体包括：制定成本会计制度；负责成本的集中统一管理，为企业领导提供各种成本信息；进行成本预测和决策，编制企业成本计划，并分解下达给各部门和车间；实行成本控制，监督生产费用支出；准确地核算全厂产品成本；分析和考核成本计划执行情况；加强对车间、班组成本核算的指导和管理；总结和推广降低成本方面的先进做法和经验。除厂部成本会计职能机构外的其他成本会计职能部门，如各生产单位，只负责提供原始的成本核算资料。这种组织形式可以使成本会计工作集中在厂部成本会计部门，减少核算层次，保证工作质量，但不利于企业内部其他单位及时掌握成本或费用支出情况，影响企业内部其他单位成本管理的积极性。

在非集中核算的管理体制下，厂部成本会计部门主要负责组织、领导、协调企业内部各单位的成本会计工作，负责成本数据的汇总及对各级成本会计部门的工作进行业务指导和监督。各级成本会计职能机构负责本单位、车间或部门的成本费用计划的编制、成本核算和分析等。采用非集中核算组织形式，可以使成本会计工作更好地与各单位、车间、部门的生产经营管理结合起来，使它们能够及时了解本单位的成本水平，从而更加直接有效地进行成本管理，但是却增加了成本会计工作层次和工作人员。

企业究竟应采用哪一种组织形式，要从有利于实现成本会计的目标出发，并根据企业规模的大小和经营管理水平等实际情况来决定。

三、选择合适的成本核算方式和组织形式

（一）成本核算方式

1. 集中核算方式

集中核算方式是指成本会计工作主要由厂部成本会计机构集中进行。

① 厂部会计机构的工作：负责各种会计凭证的审核、整理和汇总，各种费用的归集和分配，生产费用的核算和产品成本的计算等。

② 车间、部门成本会计人员的工作：只负责原始记录和原始凭证的填制，并对它们进行初步的审核、整理和汇总，为厂部成本会计机构进一步工作提供基础资料。

2. 分散核算方式

分散核算方式是指成本会计工作中的主要内容由车间等其他单位的成本会计机构或人员分别进行。

① 车间、部门成本会计人员的工作：完成主要会计凭证的审核、整理和汇总，各种费用

的归集和分配，生产费用的核算和产品成本的计算等。

② 厂部成本会计机构的工作：根据各车间、部门上报的成本计算资料进行全厂成本的汇总核算，进行生产费用的总分类核算和少数费用的明细核算，并对全厂成本进行综合的计划、控制、分析和考核；同时，还应负责对各车间、部门成本会计机构或人员进行业务上的指导和监督。

3. 核算方式的选择

一般而言，大中型企业一般采用分散核算方式，小型企业一般采用集中核算方式。

（二）成本会计工作的组织形式

成本会计工作的组织形式主要是从方便成本核算工作的开展和及时准确地提供成本信息的需要出发，按成本要素划分为材料成本、人工成本和间接费用成本组织核算。

① 材料组：一般由企业厂部成本会计人员与仓库材料管理人员共同负责，主管材料物资和低值易耗品采购、入库、领用、结存的明细分类核算，定期盘点清查，计算材料成本费用，并对全过程进行控制和监督。

② 工资组：主管应付职工工资、奖金的计算与分配的明细分类核算，并对全过程进行严格的控制和监督。

③ 间接费用组：间接费用的核算一般是由厂部成本会计人员负责进行。这部分费用可按成本习性分为变动费用和固定费用——变动费用以弹性预算进行控制，固定费用则用固定预算进行控制。

四、配备必要的成本会计人员

成本会计人员是指在会计机构或专设成本会计机构中配备的成本工作人员，对企业日常的成本工作进行处理，如成本计划，费用预算，成本预测，决策，实际成本计算和成本分析、考核等。成本核算是企业核算工作的核心，成本指标是企业一切工作质量的综合表现。为了保证成本信息质量，对成本会计人员业务素质要求比较高。一般来讲，成本会计人员应具有以下素质。

① 会计知识面广，对成本理论和实践有较好的基础。

② 熟悉企业生产经营的流程（工艺过程）。

③ 刻苦学习和任劳任怨。

④ 良好的职业道德。

小知识

白领、金领、蓝领的区分

白领、金领、蓝领并没有明显的界定，他们主要区别于以下几点。

白领指办公室的文职人员，因其多穿白衬衣而得名，主要是指一般的管理人员。

金领指在白领阶层中的高工资、高收入阶层，主要是指企业中具有高收入的高级管理人员和技术专家。

蓝领指体力劳动者，因其多穿蓝色的工装而得名。

现在还有一种称呼就是灰领，一般指既有一定的现代科学知识，又具有较高的操作技能的复合型人才，主要指高级技术工人。因以前的高级技术工人多穿灰色的衣服而得名。

他们之间没有特定的区别，随着环境条件和自身条件的变化，也会不断地变化。例如，蓝领可以成为白领、灰领甚至金领；同样，金领如果业绩不佳，也可以变成白领或蓝领。

模块小结

成本会计是会计的一个重要分支，是以成本为对象的一种专业会计。本模块主要介绍了成本会计的相关概念，成本会计的对象、内容及成本会计的工作组织等。通过本模块的学习，可以了解成本会计的概念，熟悉成本会计的工作组织，掌握成本会计的对象及内容，并树立加强核算和管理、合理降低成本的会计观念。

思考与实践

1. 选择你所在地的一家工业企业去实习，理解在一个企业中，支出、成本和费用三者之间的联系和区别。

2. 通过实习，了解该企业成本会计组织机构的设置及人员的配备。根据自己所学的知识，对该企业成本会计工作组织提出合理建议。

关键练习

一、名词解释

支出　费用　成本　成本预测　成本决策　成本计划　成本控制　成本核算　成本分析

二、简答题

1. 简要说明支出、费用和成本的联系和区别。
2. 成本会计对象的具体内容有哪些？
3. 简要说明成本会计的内容。
4. 简要说明成本会计的基础工作。

模块二

成本核算的基本要求、一般程序及账户设置

模块导入

成本会计主管:张兴

嗨,大家好! 我是成本会计主管张兴,下面由我来告诉大家什么是成本核算。成本核算是根据国家有关法规、制度和企业经营管理的要求,对生产经营过程中实际发生的产品成本和期间费用进行计算,并进行相应的账务处理。在成本会计工作中,成本核算是基础,是成本管理的一个重要环节。

在这一知识模块中我会让大家重点理解成本核算的一般程序和账务处理程序,掌握成本核算的基本要求和费用的分类。

任务一　成本核算的基本要求

任务目标

通过本任务的学习,你应该能够:

1. 了解成本核算的基本要求。
2. 了解划分各项费用的界限。

知识要点

成本核算的基本要求
- 严格执行成本计量要求
- 正确划分各种成本耗费的界限
- 以权责发生制为基础
- 成本计算方法的选择
- 做好成本核算的基础工作

业务认知

我们在前面已了解了“支出”、“成本”、“费用”这几个词及它们之间的区别,现在还应知道费用之间的界限。

为了正确及时地计算成本，会计人员应做到以下几点。

一、严格执行企业会计准则规定的成本计量要求

企业的生产过程，同时也是各种劳动耗费的过程。在各种劳动耗费中，财产物资的耗费占有较大的比重，因而应准确计量生产成本。

成本开支范围是指根据企业经营活动中发生费用的不同性质，依据成本的内容和加强成本核算的要求，由国家在相关法律规章中所做的统一规定。具体而言，成本开支范围是指哪些费用允许列入成本，哪些费用不允许列入成本的相关规定。成本开支范围的具体内容是一切与企业活动有关的支出，都应计入企业成本、费用。就制造业而言，所发生的直接材料、直接人工、制造费用和管理费用、财务费用、销售费用构成企业的成本费用范围。其中，直接材料、直接人工和制造费用构成产品的生产成本；管理费用、财务费用和销售费用由于同产品的受益关系不十分明显，分配的客观标准也不易确定，一般不计入产品的制造成本，而是全部作为该会计期间的费用，计入当期损益。费用开支标准是指对某些费用支出的金额和比例所做的一些限制性的规定，如允许在税前列支的工资金额、坏账提取比例、职工福利费的提取比例等。企业应严格遵守成本开支范围和费用开支标准，防止通过任意改变财产物资的计量和价值结转方法来调节成本和费用的错误做法。

二、正确划分各种成本耗费的界限

为了正确地计算产品成本和期间费用，必须正确划分4个方面的费用界限。

1. 正确划分产品成本与期间费用的界限

企业在日常生产经营中发生的各种耗费，其用途和计入损益的时间是不同的。成本是指在购买材料、生产产品或提供劳务过程中发生的，并由产品或劳务负担的耗费。

期间费用是指企业当期发生的必须从当期收入得到补偿的经济利益的总流出。期间费用不由产品或劳务负担，不计入产品或劳务成本，直接计入当期损益。因此，为了正确计算产品成本和期间费用，正确计算企业的损益，必须正确地划分产品生产费用和各项期间费用的界限。

2. 正确划分各期的成本界限

成本核算是建立在权责发生制和受益原则基础上的，某项耗费是否应计入本月产品成本及应计入多少，取决于是否应由本月负担及受益量的大小。某项耗费是否应计入本月产品成本，不取决于成本金额的大小，而决定于本月产品是否受益——只要是本月产品受益的耗费，就应计入本期产品成本；只要是有本月与各月共同受益的耗费，就应在相关期内采用适当方法进行合理计量和分配。应防止利用费用待摊和预提的办法人为调节各期的成本、费用或损益的做法。

3. 正确划分各种产品的成本界限

对于生产两种及两种以上产品的生产企业，还要对当月产品成本的生产费用在各有关产品之间进行划分，以便分析和考核各种产品成本计划或定额的执行情况。划分的依据是受益原则，哪种产品受益，就由哪种产品负担。凡是能直接确定应由某种产品负担的直接耗

费，都应直接计入该种产品成本；能确定由几种产品共同负担的耗费，应采用适当分配方法，合理地分配计入相关产品成本。不能出现人为地在不同产品之间任意转移生产费用，来掩盖成本超支或以盈补亏的做法。

4. 正确划分完工产品和在产品的成本界限

在月末计算产品成本时，如果某种产品已经全部完工，则本月发生的生产成本全部计入该完工产品；如果某种产品全部尚未完工，则本月发生的生产成本全部计入该未完工产品；如果某种产品既有完工产品又有在产品，就需要采用适当的分配方法，将产品应负担的成本在完工产品和在产品之间进行分配，分别计算出完工产品应负担的成本和在产品应负担的成本。上月末尚未完工的在产品，转入本月继续加工，其上月末分配负担的成本即为本月初在产品成本。月初在产品成本、本月产品成本、本月完工产品成本和月末在产品成本四者之间的关系，如下式所示。

月初在产品成本＋本月产品成本＝本月完工产品成本＋月末在产品成本

三、以权责发生制为计算基础

企业会计核算的基础有收付实现制和权责发生制。收付实现制即实收实付制，是以货币资金的实际收付作为标准来确定本期的收益和费用。凡是本期实际收入或付出的款项，不论是否属于本期的收益和费用，都作为本期的收益和费用处理。这种方法，核算手续简单，但不能准确反映各个时期的盈亏，不适宜企业采用。权责发生制即应收应付制，是以应收和应付作为标准来确定本期的收益和费用，凡属于本期的收益和费用，不论款项是否已经收入或付出，都作为本期的收益和费用处理；而不属于本期的收益和费用，即使款项已经实际收入或付出，都不能作为本期的收益和费用处理。这种方法适宜企业采用，能准确反映各个时期的盈亏。因此，企业要准确合理地计算各期成本，应该以权责发生制为计算基础。

四、成本计算方法的选择

产品成本是在生产过程形成的，产品的生产工艺过程和生产组织不同，所采取的产品成本计算方法也有所不同。成本计算方法有很多，如品种法、分批法、分步法等。企业应根据具体情况，选择适合本企业特点的成本计算方法进行成本核算。成本计算方法的选择，应同时考虑企业生产类型的特点和管理要求两个方面。在同一个企业里，可以采用一种成本计算方法，也可以采用多种成本计算方法，即多种成本计算方法同时使用或多种成本计算方法结合使用。成本计算方法一经选定，一般不得随意变更。

五、做好成本核算的基础工作

为了进行成本审核、控制，正确计算产品成本，还必须做好以下各项工作。

1. 定额的制定和修订

生产过程中的原材料、燃料、动力和工时等消耗定额，与成本核算的关系十分密切。产品的各项消耗定额，既是编制成本计划、分析和考核成本水平的依据，也是审核和控制生产耗费的标准。而在计算产品成本时，也常常需要按照产品的定额消耗量比例，进行费用的分配。因此，为了加强成本管理，企业必须建立、健全定额管理制度，凡是能够制定定额的各种消耗，都应根据企业当前的设备条件和技术水平，充分考虑职工群众的积极因素，制定先进而又可行的各项定额，并随着生产的发展、技术的进步、劳动生产率的提高不断地修订定额，以充分发挥定额管理的作用。

2. 材料物资的计量、收发、领退和盘点

成本核算是指核算企业生产经营管理中的各项费用。为了进行成本管理和成本核算，还必须对材料物资的收发、领退和结存进行计量，建立和健全材料物资的计量、收发、领退和盘点制度，以保证核算的真实准确。

3. 原始记录

原始记录是指反映生产经营活动的原始资料，必须做出真实、完整的记录。

4. 计划价格的制定和修订

为了分清企业内部各单位的经济责任，便于分析和考核内部各单位成本计划的完成情况，应对材料、半成品和厂内各车间相互提供的劳务（如运输、动力、修理等）制定厂内计划价格，作为内部结算和考核的依据。厂内计划价格应该尽可能接近实际并相对稳定，年度内一般不做变更。

任务二　要素费用与产品成本项目

任务目标

通过本任务的学习，你应该能够：

1. 了解要素费用构成。
2. 掌握成本项目的内容。

知识要点

要素费用

成本项目：
- 直接材料
- 直接人工
- 制造费用

业务认知

我们在前面已了解了成本核算的基本要求和划分各项费用的界限，现在还应该掌握费用要素和产品成本项目。

企业在经营过程中，为了准确合理地组织产品成本和期间费用的计算，应对企业生产经营过程发生的各种费用按照不同的标准进行分类，其中最主要的是费用要素和产品成本项目。

一、要素费用

企业的生产经营过程，是劳动对象、劳动工具和活劳动的耗费过程，这些耗费的货币表现就是费用。费用按其经济内容（性质）划分，可分为劳动对象方面的费用、劳动手段方面的费用和活劳动方面的费用。这3类便是企业费用的3大构成要素，简称费用要素。进一步划分，可将企业的费用分为以下若干费用要素。

① 外购材料：企业耗用的一切从外部购进的原材料及主要材料、半成品、辅助材料、包装物、低值易耗品、修理用备件等。

② 外购动力：企业耗用的从外部购进的动力。

③ 外购燃料：企业耗用的从外部购进的各种燃料，包括固体、气体、液体燃料。

④ 折旧费：企业按规定计算的固定资产折旧费。

⑤ 工资：企业应计入产品和期间费用的职工工资。

⑥ 职工福利费：企业按照工资总额的一定比例计提的职工福利费。

⑦ 利息：企业的借款利息减去存款利息后的净额。

⑧ 税金：应计入企业管理费用的各种税金，包括房产税、土地使用税、车船使用税、印花税等。

⑨ 其他费用：不属于上述各要素的费用，包括租赁费、邮电费、保险费、差旅费、外部加工费等。

以上反映的费用，称为要素费用，即生产费用按支出的经济内容来分类，在会计上称为费用要素。

二、产品成本项目

各种生产费用按经济用途分类，就是成本项目。企业在进行成本计算时，借助成本项目，可以了解费用的经济用途和成本的经济构成，通过对成本项目的分析可以查明成本升降的原因及挖掘降低成本的潜力。产品成本项目包括以下几种。

① 直接材料：直接用于产品生产、构成产品实体的原材料和主要材料、辅助材料。

② 直接人工：直接参加产品生产的工人工资，按生产工人工资计提的职工福利费。

③ 制造费用：车间在产品生产过程中发生的费用。它是企业各个生产单位（分厂、车间）为组织和管理生产活动所发生的各项间接费用，包括车间管理人员工资、车间固定资产折旧及修理费、办公费、水电费、机物料消耗费和劳动保护费等。

以上按经济用途划分的各个成本项目不是固定不变的，企业应根据生产特点和成本管理的要求灵活设置相应的成本项目。通常对于管理上需要单独反映、控制和考核的费用，以及在产品成本中占比重比较大的费用，应该专设成本项目；否则，为了简化核算工作，不必专设成本项目。例如，我国的能源比较紧张，因而一般应按产品制定工艺用燃料和动力的消耗定额，并且专设“燃料和动力”成本项目，以便单独进行反映、控制和考核。但如果工艺上耗用的燃料和动力不多，为了简化核算工作，可以将工艺用燃料（即直接燃料）费用并入“直接材料”成本项目，将工艺用动力费用并入“制造费用”成本项目。又如，在生产过程中可能发生废品，如果废品损失在产品成本中的比重较大，需要作为一项重点内容进行核算和管理，也可以增设"废品损失"成本项目；如果没有废品，或者废品损失额不大，则不必增设"废品损失"成本项目。再如，在采用分步法核算产品成本的企业，为了考核各步骤的半成品成本，可增设"自制半成品"成本项目。因此，一个企业的成本是根据企业的生产特点及管理要求而设置的。

将生产费用划分为若干成本项目，可以明确地反映直接用于产品生产的材料费用是多少，直接用于产品生产的工人工资是多少，以及耗用于组织和管理生产的各项支出是多少等。这不仅可以从用途上掌握费用的构成，而且对于了解企业各项费用定额（计划、预算）的执行情况，分析费用支出是否节约、合理，控制费用的发生，加强成本、费用管理等，都有着重要的作用。

三、要素费用与产品成本项目二者的关系

要素费用与成本项目，是成本会计中两个非常重要的基本概念，它们之间既有联系，又有区别。

为进一步弄清费用要素与成本项目的关系，特举例说明如下。

假设某企业本月共耗用外购材料 200 万元，其中生产产品耗用 150 万元，企业行政管理部门和车间管理部门用于办公室装修各耗用 25 万元；本月共支付工资 80 万元，其中基本生产工人 50 万元，企业行政管理人员 20 万元，车间管理人员 5 万元，销售人员 5 万元。那么，作为费用要素的外购材料 200 万元，工资 80 万元；作为成本项目的直接材料只有 150 万元，直接人工只有 50 万元，而另一成本项目制造费用却包含了费用要素中的材料费用 25 万元和工资 5 万元。至于用于企业行政管理及产品销售的材料费用及工资不作为生产费用，自然也就不列入任何成本项目，而是计入管理费用与销售费用之中。

从以上的实例我们可以清晰地看出二者之间的关系如下。

从联系上看，要素费用与产品成本项目都是对企业某一特定的费用所做的分类，它们都反映了企业的耗费。另外，就核算程序而言，成本项目的金额是由要素费用转化而来的，要素费用中生产费用要素形态都将转化并归属到不同的成本项目之中。当然，这里的要素费用与成本项目间的对应关系，既可能是一对一，也可能是一对几。

要素费用与成本项目间的区别主要表现在以下几点。

第一，分类的标准不同。这是二者最根本的区别。费用要素的分类标准是经济内容，成本项目的分类标准是经济用途，二者的出发点不同。即所谓要素费用就是指具有相同经济内容的各不同用途的耗费之和，而成本项目是指具有相同经济用途的各不同内容的生产耗费之和。正因为要素费用与成本项目的分类标准不同，所以也导致了二者间的对应关系有时变得错综复杂：同一费用要素，可能有多种经济用途，从而与多个成本项目相对应；同一成本项目，也许包含了多种不同的费用内容，从而又与多个费用要素相对应。

第二，被分类的费用不同。要素费用是对总费用进行分类，而成本项目只是对总费用中的生产费用进行分类。将生产费用以经济内容为依据进行划分所得到的若干类别便称为生产费用要素。

第三，费用所属的时期不同。费用要素只反映本期发生的费用，而成本项目可能包括本

期和以前几个时期发生的费用，即费用要素反映的费用具有时期性的特征，而成本项目反映的费用具有对象性的要求。

此外，费用要素与成本项目在具体的划分类别及各自的作用等方面也存在着区别。

任务三　成本核算的一般程序

任务目标

通过本任务的学习，你应该能够：

1. 了解成本核算的一般程序。
2. 了解成本计算期。

知识要点

成本核算的程序：
- 收集、整理成本计算资料
- 确定成本计算对象和成本核算中心
- 确定成本计算期
- 确定成本项目
- 正确归集和分配各种费用
- 设置和登记明细账，编制成本计算表

业务认知

我们在前面已了解了要素费用构成和成本项目的内容，现在还应知道成本核算的一般程序。

成本核算的一般程序是企业在生产经营过程中发生的各项费用，按照成本核算的要求逐步进行归集和分配，最后计算出各种产品的成本和各项期间费用的过程。不同的成本计算对象，需要采用不同的计算方法，因此，会计上形成了不同的成本计算方法。但不论采用哪种成本计算方法，它们在计算的基本程序方面还是相同的，概括起来包括以下 6 个方面内容。

一、收集、整理成本计算资料

企业成本计算资料的收集、整理是成本计算的前提；提供完整、正确计算数据，是成本计算的基础。企业对购进领用的各种原材料、各项费用支出、工时动力等的消耗，在产品、半成品的内部转移和产成品的入库、出库时，都要根据各项活动的特点，分别取得或填制不同格式的原始凭证。它们提供的是企业经营活动的第一手资料，是成本计算所需的原始记录。

二、确定成本计算对象和成本核算中心

成本计算对象就是承担和归集费用的对象。确定成本计算对象是计算产品成本的前提。

为了便于进行成本控制，落实成本责任制，进行成本考核以降低成本费用，应按成本责任环节（或单位）来计算成本，即计算各成本责任环节的成本。因此，在进行具体的成本计算前，应先根据不同的成本责任环节设立不同的成本核算中心，再按每一个成本核算中心来确定成本计算对象，计算成本。只有在职责能够明确划分和鉴别的部门、车间、班组和个人那里设置成本核算中心，才能对成本发生情况的控制和管理发挥作用。

对于制造企业而言，产品成本计算的对象，包括产品品种、产品批别和产品的生产步骤，企业应根据自身的生产特点和管理要求，选择合理的成本计算对象。

三、确定成本计算期

成本计算期是成本计算的间隔期，即多长时间计算一次成本。以制造业为例，产品生产完工之时，才是产品成本完全形成之日。在产品生产完工之时计算成品生产成本，以产品生产周期为成本计算期，是较为合理的。但有的产品生产周期过长，完全按产品生产周期来计算成本，会影响会计信息的使用者及时取得相关的会计信息；有的产品生产周期很短，完全按产品生产周期来计算成本，会加大成本计算工作量，影响核算效率。因此，成本计算期并不一定与产品生产周期完全一致。产品计算周期的确定，取决于企业生产组织的特点和管理要求。在单件、小批量生产的情况下，产品周期与成本计算期一致；在大量、大批生产情况下，产品成本的计算期间与会计期间一致，一般以一个月作为产品成本计算期。

四、确定成本项目

成本项目是生产费用要素按经济用途划分成的若干项目，一般包括直接材料、直接人工和制造费用等。借助于成本项目，可以清楚地了解费用的经济用途和成本的经济构成，提供更多有用的会计信息；通过对一定对象的成本项目的分析，可以初步查明成本升降的原因，挖掘降低成本的潜力。

五、正确地归集和分配各种费用

正确地归集和分配各种费用，是正确地进行成本计算的前提。正确地归集和分配各种费用，要遵循权责发生制的会计核算基础，正确地确定费用的受益期限。例如，产品生产直接发生的生产费用直接计入该产品成本，对应计入产品成本的费用，还应划分为应由本期产品成本负担的生产费用和应由其他各期产品成本负担的生产费用；为产品生产服务发生的间接费用，按费用发生地和用途进行归集，然后分配计入各受益产品。

六、设置和登记明细分类账户、编制成本计算表

在成本计算过程中，应按成本计算对象和成本核算项目分别设置和登记费用、成本明细分类账户。根据这些账户资料，编制各种成本计算表，借以计算确定各成本对象的总成本和单位成本，以全面、系统地反映各种成本指标的经济构成并进行对比分析。

小知识

仓库保管和会计的分工

仓库保管负责库房的日常管理，包括进出货物的管理、登记等；会计定期检查库存产品、材料的数量、检查账务卡等，并和财务的账单进行对照、进行资金的核算等。

任务四　产品成本核算的账户设置

任务目标

通过本任务的学习，你应该能够：

1. 了解成本核算的账户设置。
2. 掌握账务处理程序。

知识要点

开设的账户：
- “基本生产成本”账户
- “辅助生产成本”账户
- “制造费用”账户

业务认知

在已了解成本核算一般程序的基础上，还应掌握成本核算的账户设置。

在成本计算过程中，为归集、分配各种计入成本的费用，应按成本计算对象或产品成本项目分别设置和登记费用、成本明细分类账，然后根据这些资料编制成本计算表，确定产品的总成本和单位成本。

一、成本核算的账户设置

在成本核算中，企业应设置“生产成本”总分类账户、“生产成本”账户，用以核算企业产品生产、自制材料、自制设备、自制工具等发生的各项生产费用。在“生产成本”总分类账户下设置“基本生产成本”和“辅助生产成本”两个二级账户，分别核算基本生产和辅助生产的成本。为减化核算手续，也可设置“基本生产成本”、“辅助生产成本”两个总分类账户。为了核算车间或分厂为组织生产发生的各项间接费用，应设置“制造费用”总分类账户。下面对成本核算的主要会计科目分别加以介绍。

1. “基本生产成本”账户

基本生产是为企业生产产品而进行的生产。为归集基本生产所发生的各项生产费用，计算基本生产产品的成本，应设置“基本生产成本”账户。该账户借方登记企业进行基本生产发生的各项费用；贷方登记转出的完工入库产品成本；余额在借方，表示月末在产品成本。基本生产成本按产品品种或产品批别、生产步骤等成本计算对象设置生产成本明细分类账。明细分类账按产品成本项目分设专栏或专行，登记产品成本的月初在产品成本、本月发生的产品成本、本月完工产品成本和月末在产品成本。其格式如表2-1、表2-2所示。

表2-1　生产成本明细账

车间：第一车间　　　　产品：甲产品　　　　元

月	日	摘　要	产量/件	成本项目			成本合计
				直接材料	直接人工	制造费用	
7	30	本月生产费用		18 000	8 000	11 000	37 000
7	30	本月完工产品成本	1 000	18 000	8 000	11 000	37 000
7	30	完工产品单位成本		18	8	11	37

表2-2　生产成本明细账

车间：第一车间　　　　产品：乙产品　　　　元

月	日	摘　要	产量/件	成本项目			成本合计
				直接材料	直接人工	制造费用	
7	1	月初在产品成本		28 000	7 000	9 000	44 000
7	30	本月生产费用		71 000	20 000	27 000	118 000
7	30	生产费用累计		99 000	27 000	36 000	162 000
7	30	本月完工产品成本	1 000	88 000	24 000	31 000	143 000
7	30	完工产品单位成本		88	24	31	143
7	30	月末在产品成本		11 000	3 000	5 000	19 000

如果企业生产的产品品种较多，也可按产品成本项目汇总反映全部产品总成本，还可以设置“基本生产成本二级账”账户。其格式如表2-3所示。

表2-3　基本生产成本二级账

元

月	日	摘　要	成本项目			合　计
			直接材料	直接人工	制造费用	
7	1	月初在产品成本	28 000	7 000	9 000	44 000
7	30	本月生产费用	89 000	28 000	38 000	155 000
7	30	生产费用累计	117 000	35 000	47 000	199 000
7	30	本月完工产品成本	106 000	32 000	42 000	180 000
7	30	月末在产品成本	11 000	3 000	5 000	19 000

2. “辅助生产成本”账户

辅助生产是为基本生产服务而进行的产品生产和劳务供应。辅助生产所提供的产品和劳务，有时也对外出售，但对外出售不是主要目的，主要是为本企业服务。例如，模具、工具、修理用零配件等产品的生产和修理、运输、动力等劳务的供应。为归集进行辅助生产所发生的各项费用，计算辅助生产产品和劳务的成本，应设置“辅助生产成本”总分类账户。该账户借方登记进行辅助生产而发生的各项费用；贷方登记完工入库产品的成本和分配转出的劳务费用；期末如有余额在借方，表示辅助生产在产品的成本。

3. “制造费用”账户

为真实准确地计算生产产品的成本，还应设置“制造费用”总分类账户。该账户的借方登记车间管理部门发生的费用，贷方登记分配转入生产成本的制造费用。

“制造费用”账户应按车间、部门设置明细账。

二、账务处理程序

成本核算的一般程序如下。

1）归集和分配各项要素费用。

2）分配辅助生产费用。

3）分配制造费用。

4）将基本生产成本账户归集的产品成本在本期完工产品和期末在产品之间分配，然后将完工产品成本从基本生产成本账户的贷方转入库存商品账户的借方。

成本核算账务处理的基本程序如图 2-1 所示。

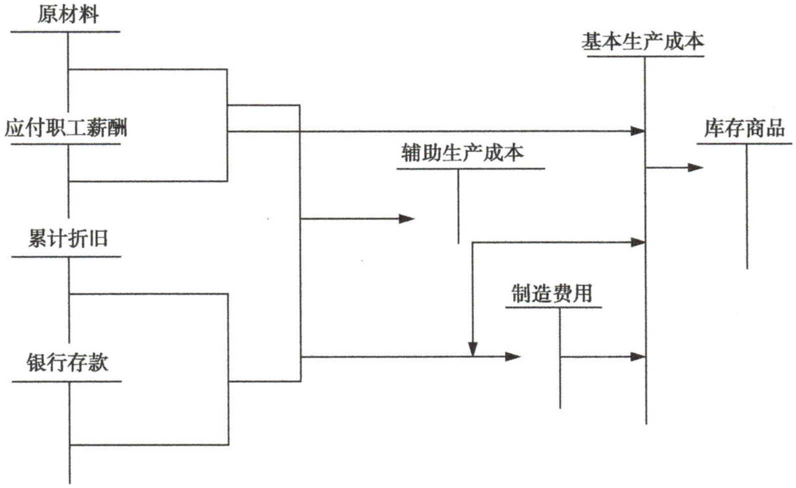

图 2-1　成本核算账务处理的基本程序

模块小结

本模块主要阐述了成本核算的基本要求、账户设置和账务处理程序及费用要素与成本项目等成本核算的有关基本问题。通过本模块的学习，理解成本核算的基本要求和一般程序，掌握成本核算的账户设置和费用的分类，为进一步学习要素费用的归集和分配打下良好的基础。

思考与实践

1. 学生分组到企业调研，了解所去的企业在成本核算时都设置了哪些账户，成本核算的工作程序是怎样的。

2. 了解所调研的企业成本项目有哪些，针对企业的实际情况，设置这些成本项目是否合理。如果不合理，请为企业提出一个合理化的建议。

关键练习

一、名词解释

成本计算对象　成本项目　期间费用　辅助生产

二、简答题

1. 成本核算有哪些要求？
2. 要素费用有哪些？
3. 为了进行产品成本核算，需要设置哪些会计账户？
4. 正确计算产品成本应该划清哪些方面的费用界限？

模块三

要素费用的归集和分配

模块导入

成本会计主管:张兴

嗨,大家好！我是成本会计主管张兴,张兴接待了前来实习的学生赵晓果,赵晓果面对企业日常发生的各种材料费、人工费、动力费、折旧费、水电费、电话费、报刊费、办公用品费、差旅费、租赁费、保险费、劳动保护费、检验费、利息和税金等耗费,一筹莫展,不知道如何着手对企业日常生产经营过程中发生的各种耗费进行核算。

张兴首先让赵晓果熟悉企业生产的流程,观察各种费用发生的地点和环节,使其了解工业企业的产品成本是由材料费用、人工费用、动力费用、折旧费用和其他费用等要素费用构成的。因此,材料费用、人工费用、动力费用、折旧费用和其他费用等要素费用的归集和分配是产品成本核算的基础。

如何归集和分配要素费用并计算产品成本呢？张兴强调首先应掌握受益性原则,即要求按受益对象和受益程度归集和分配要素费用,何者受益,何者负担费用;何时受益,何时负担费用;负担费用的多少与受益程度的大小成正比。对于企业生产经营过程中耗费的各种要素费用,凡是为某受益对象所消耗并能确认其负担数额的直接费用,均应直接计入该受益对象的成本、费用中;凡是为几个受益对象共同消耗或无法确定为哪个受益对象所消耗的间接费用,则需选择适当的分配方法,分配计入各该受益对象的成本、费用中。同时,还应在熟悉要素费用归集和分配的原则及方法的基础上,重点掌握材料费用、人工费用、外购动力费用和折旧费用等要素费用的归集和分配。

任务一　要素费用归集和分配概述

任务目标

通过本任务的学习,你应该能够:

1. 了解要素费用归集和分配的原则。
2. 掌握要素费用分配的一般方法。
3. 掌握要素费用归集和分配的会计处理。

知识要点

主要内容：
- 要素费用归集和分配的原则
- 要素费用分配的一般方法
- 要素费用的会计核算

业务认知

企业在日常生产经营过程中会耗用材料费用、人工费用、动力费用和折旧费用等要素费用，为正确核算产品成本，应将其恰当地归集和分配到各种产品成本中。下面就介绍要素费用归集和分配的原则、方法及常用的会计处理。

一、要素费用归集和分配的原则

1. 受益性原则

受益性原则要求按受益对象和受益程度归集和分配要素费用，即何者受益，何者负担费用；何时受益，何时负担费用；负担费用的多少与受益程度的大小成正比。

2. 可靠性原则

可靠性原则要求以生产经营过程中实际发生的各种耗费为依据来归集和分配要素费用，即不得以虚构的或尚未发生的各种耗费人为虚增要素费用，也不得随意遗漏或减少实际发生的各种耗费，人为虚减要素费用。

3. 重要性原则

重要性原则要求对于重大成本费用应单列项目重点核算，而对于相对较小的成本费用可以合并核算。例如，如果某产品耗用的燃料费用较多，管理上需要单独进行核算，就应单独增设“燃料及动力”成本项目；如果实际工作中燃料费用很少，可以并入“直接材料”成本项目中。另外，如果废品损失在产品成本中所占比重较大，也可增设“废品损失”成本项目。

4. 可比性原则

可比性原则要求同一企业在不同时期归集和分配要素费用的方法应当保持一贯性，使前后各期的成本资料相互可比，即不得通过随意变更会计政策来人为调节各期费用水平。

二、要素费用分配的一般方法

对于企业生产经营过程中耗费的各种要素费用，应采用一定的方法计入各受益对象的成本、费用中。

1. 直接费用直接计入

凡是为某受益对象所消耗并能确认其负担数额的直接费用，均应直接计入该受益对象的成本、费用中。在只生产一种产品的企业，应计入产品成本的全部费用都是直接费用，均可直接计入该产品成本。

2. 间接费用分配计入

凡是为几个受益对象共同消耗或无法确定为哪个受益对象所消耗的间接费用，则需选择适当的分配方法，分配计入各该受益对象的成本、费用中。所谓适当的分配方法，是指分配所依据的标准与所分配的费用多少有比较密切的联系，而且分配标准的资料比较容易取得，计算比较简便，因而分配结果比较合理。常用的分配标准主要有 3 类：①成果类，如产品的产量、重量、体积、产值等；②消耗类，如生产工时、机器工时、供电量、原材料消耗量等；③定额类，如定额消耗量、定额工时、定额费用等。计算公式可概括如下。

$$费用分配率=\frac{待分配费用总额}{分配标准总额}$$

某受益对象应分配的费用＝该受益对象的分配标准额×费用分配率

在实际工作中，上式中的费用分配率如果为四舍五入的近似数，则费用分配额合计与待分配费用总额将产生尾差，一般应将尾差计入最后一个受益对象的分配额中，即在计算最后一个分配对象应分配的费用时应采用减法，其数额等于待分配费用总额减去其他受益对象分配的费用之和。

小知识

第一部会计法

1985 年 1 月 21 日，第六届全国人民代表大会常务委员会第九次会议通过了《中华人民共和国会计法》，这是我国第一部会计法。1981 年 6 月，财政部发出通知，正式成立《中华人民共和国会计法》起草小组；1982 年 8 月 7 日至 16 日，中国会计学会在四川乐山召开专题学术讨论会，对《中华人民共和国会计法（讨论稿）》进行了讨论；1983 年 2 月 24 日，财政部将《中华人民共和国会计法（草案）》上报国务院审议，经过两年多的酝酿、讨论和反复修改，于 1985 年 1 月 21 日，中华人民共和国第六届全国人民代表大会常务委员会第九次会议审议通过，1985 年 5 月 1 日起施行。该法共六章三十一条，它的实施标志着我国会计工作从此走上了法治的轨道。1993 年 12 月 29 日，第八届全国人民代表大会常务委员会第五次会议对该法进行了局部修订。

三、要素费用归集和分配的会计处理

各种要素费用应根据有关原始凭证，按费用的用途和受益对象进行逐笔登记或定期汇总登记，并编制相应的费用分配表，据以编制会计分录，然后登记各种成本、费用等明细账和总账。其常用会计处理可以分类归纳为以下几种。

（一）计入成本、费用的要素费用

1. 计入产品成本的要素费用

① 企业基本生产车间为完成主要生产目的进行的产品生产而直接耗用的要素费用，应记入“基本生产成本”账户。

② 企业辅助生产车间为基本生产服务进行的产品生产和劳务供应而直接耗用的要素费用，应记入“辅助生产成本”账户。

③ 企业生产车间为组织和管理生产而间接耗用的要素费用，应记入“制造费用”账户。

2. 计入期间费用的要素费用

① 企业为组织和管理企业生产经营而耗用的要素费用，应记入“管理费用”账户。

② 企业在销售商品和材料、提供劳务过程中耗用的要素费用，应记入“销售费用”账户。

③ 企业为筹集生产经营所需资金而耗用的要素费用，应记入“财务费用”账户。

（二）不计入成本、费用的要素费用

① 企业为购建固定资产而耗用的要素费用，应记入“在建工程”或“固定资产”账户。

② 企业自行研发无形资产而耗用的要素费用，应记入“研发支出”账户。

③ 企业发生与日常活动无直接关系的各项损失而耗用的要素费用，应记入“营业外支出”账户。

任务二　材料费用的核算

任务目标

通过本任务的学习，你应该能够：

1. 了解材料费用的核算内容。
2. 掌握材料费用归集和分配方法。

知识要点

材料费用的核算：
- 材料费用的核算内容
- 材料费用的归集
- 材料费用的分配

业务认知

材料也称原材料，是指企业在生产过程中经加工改变形态或性质并构成产品主要实体的原料及主要材料、辅助材料、燃料、包装物、修理用备件、外购半成品等。材料是工业企业生产加工的劳动对象，是产品生产中必不可少的物质要素。下面介绍材料费用的归集和分配及会计处理。

一、材料费用的归集

在企业的生产经营过程中，要大量消耗各种材料。为了准确归集材料费用，应按照材料的品种、规格设立材料明细账，进行材料收入、发出和结存的明细核算。会计部门应对领料单、领料登记表和限额领料单等发料凭证所列材料的种类、数量、单价和用途等进行审核，检查所领材料是否符合规定。只有经过审核、签章的发料凭证才能据以发料，并作为归集材料消耗的原始凭证。生产剩余材料和废料，领用部门应编制退料单并据以退回仓库。在余料退库和废料回收入库时，应根据退料和废料交库的凭证，从原来已领材料费用中扣减。月末已领未用但下月仍需使用的材料，应办理“假退料”手续，从原来已领材料费用中扣减，不得计入本月份的生产费用中。

小知识

在实际工作中,对于已领未用但下月需要继续耗用的材料,可采用"假退料"办法,即材料实物不动,同时编制一份本月退料单和一份下月的领料单,表示该项余料在本月末退回仓库并冲减本月领用材料数量和金额,同时又作为下月份的领料出库。

材料费用的归集,可以按照材料的实际成本计价进行,也可以按材料的计划成本计价进行。

1. 按材料的实际成本计价

在按实际成本计价进行材料费用归集的情况下,材料明细账中收入材料的金额,应该根据实际成本计价的收料凭证登记;材料明细账中发出材料的金额,应该采用先进先出法、月末一次加权平均法、移动加权平均法和个别计价法等方法计算登记,并按计算出的实际单位成本对发料凭证进行计价。这种计价方法通常适用于规模较小、材料的品种规格不多且收发不太频繁的企业。

2. 按材料的计划成本计价

在按计划成本计价进行材料费用归集的情况下,材料明细账中收入材料和发出材料的金额,都应根据收、发料凭证按计划成本登记,月末计算本月发出材料应负担的材料成本差异并进行分摊,从而将发出材料的计划成本调整为实际成本。这种计价方法通常适用于规模较大、材料的品种规格较多且收发频繁的企业。

二、材料费用的分配

无论耗用外购材料还是耗用自制材料,材料费用的分配都应根据审核无误后的领、退料凭证,按照材料的领用部门和用途分配给相应的受益对象。

1. 直接耗用材料费用的分配

直接耗用材料是指能根据领、退料凭证直接区分出由哪个受益对象耗用的材料,这类材料可以直接根据审核无误后的领、退料凭证,按照材料的领用部门和用途分配给相应的受益对象。基本生产车间直接用于产品生产的材料费用记入"基本生产成本"账户的"直接材料"或"燃料及动力"成本项目;辅助生产车间直接用于产品生产或提供劳务的材料费用记入"辅助生产成本"账户的"直接材料"成本项目;生产车间为组织和管理生产、维护和修理机器设备等间接耗用的材料费用记入"制造费用"账户;行政管理部门耗用的材料费用记入"管理费用"账户;销售部门耗用的材料费用记入"销售费用"账户;购入在建工程耗用的材料费用记入"在建工程"账户,等等。

2. 共同耗用材料费用的分配

共同耗用材料是指由几种产品共同耗用,在领用时无法确定每种产品分别耗用多少的材料,这类材料应采用适当的分配方法分配记入各产品的"直接材料"成本项目。常用分配方法主要有:产品重量(体积、面积等)比例法、定额耗用量比例法和定额费用比例法。

① 产品重量(体积、面积等)比例法。产品重量(体积、面积等)比例法是指以产品的重

量(体积、面积等)作为分配标准来分配共同耗用的材料费用。这种方法一般适用于产品耗用材料的多少与产品重量(体积、面积等)有着直接联系的企业。例如,生产各种铸铁件耗用的原料生铁,可以按照铸铁件的重量比例分配;生产家具耗用的原料木材,可以按家具所耗木料的体积比例分配。

例 3-1　郑州市体育器材厂生产 3 公斤型铅球和 5 公斤型铅球,共同耗用原料生铁 5 000 元,生产 3 公斤型铅球和 5 公斤型铅球的总重量分别为 6 000 千克和 4 000 千克。请问按产品重量比例法,3 公斤型铅球和 5 公斤型铅球分别应分配多少材料费用?

材料费用分配率＝5 000÷(6 000＋4 000)＝0.5(元/千克)

3 公斤型铅球应分配材料费用＝6 000×0.5＝3 000(元)

5 公斤型铅球应分配材料费用＝4 000×0.5＝2 000(元)

② 定额耗用量比例法。定额耗用量比例法是指以产品的定额耗用量作为分配标准来分配共同耗用的材料费用。这种方法一般适用于有比较准确、稳定的产品材料消耗定额的企业。其计算公式如下。

某种产品的材料定额消耗量＝该产品的产量×该产品的材料消耗定额

$$\text{材料定额消耗量分配率}=\frac{\text{材料实际消耗总量}}{\text{各种产品的材料定额消耗量之和}}$$

某种产品应分配的材料数量＝该产品材料定额消耗量×材料定额消耗量分配率

某种产品应分配的材料费用＝该产品应分配的材料数量×材料单价

小知识

4 个有关“定额”的常用术语如下。

1. 消耗定额:指单位产品可以消耗的数量限额。
2. 定额消耗量:指一定产量下按照消耗定额计算的可以消耗的数量。
3. 费用定额:指消耗定额的货币表现。
4. 定额费用:指定额消耗量的货币表现。

例 3-2　郑州市体育器材厂基本生产车间 2013 年 5 月生产甲、乙、丙 3 种产品,共耗用 A 材料 1 530 千克,每千克 3.5 元。其中甲、乙、丙 3 种产品的产量分别为 150 件、100 件、300 件,对 A 材料的消耗定额分别为 3 千克、1.5 千克、4 千克。请问按定额耗用量比例法,甲、乙、丙 3 种产品分别应分配多少 A 材料费用?

甲产品的材料定额消耗量＝150×3＝450(千克)

乙产品的材料定额消耗量＝100×1.5＝150(千克)

丙产品的材料定额消耗量＝300×4＝1 200(千克)

材料定额消耗量分配率＝1 530÷(450＋150＋1 200)＝0.85

甲产品应分配的 A 材料数量＝450×0.85＝382.50(千克)

乙产品应分配的 A 材料数量＝150×0.85＝127.50(千克)

丙产品应分配的 A 材料数量＝1 200×0.85＝1 020.00(千克)

甲产品应分配的A材料费用＝382.50×3.5＝1 338.75（元）

乙产品应分配的A材料费用＝127.50×3.5＝446.25（元）

丙产品应分配的A材料费用＝1 020.00×3.5＝3 570.00（元）

③ 定额费用比例法。定额费用比例法是指以产品的定额费用为分配标准来分配共同耗用的材料费用。这种方法一般适用于有比较准确、稳定的产品材料费用定额的企业。其计算公式如下。

某种产品的材料定额费用＝该产品的产量×该产品的材料费用定额

＝该产品的产量×该产品的材料消耗定额×材料单价

$$材料定额费用分配率=\frac{材料实际费用总额}{各种产品的材料定额费用之和}$$

某种产品应分配的材料费用＝该产品的材料定额费用×材料定额费用分配率

例 3-3　资料同例3-2。请问按定额费用比例法，甲、乙、丙3种产品分别应分配多少A材料费用？

甲产品的材料定额费用＝150×3×3.5＝1 575（元）

乙产品的材料定额费用＝100×1.5×3.5＝525（元）

丙产品的材料定额费用＝300×4×3.5＝4 200（元）

材料定额费用分配率＝（1 530×3.5）÷（1 575＋525＋4 200）＝0.85

甲产品应分配的A材料费用＝1 575×0.85＝1 338.75（元）

乙产品应分配的A材料费用＝525×0.85＝446.25（元）

丙产品应分配的A材料费用＝4 200×0.85＝3 570.00（元）

在实际工作中，一般应按照材料的用途和类别，根据归类后的领料凭证编制材料费用分配表，进行材料费用的分配。

例 3-4　郑州市体育器材厂2013年5月A材料费用分配表如表3-1所示。

表3-1　A材料费用分配表

单位：郑州市体育器材厂　　　　2013年05月　　　　元

应借科目			共同耗用材料费用					直接领用材料费用	耗用材料费用合计
总账及二级科目	明细科目	成本或费用项目	产量/件	消耗定额/千克	定额消耗量/千克	分配率	应分配材料费用		
生产成本——基本生产成本	甲产品	直接材料	150	3.0	450		1 338.75	21 661.25	23 000.00
	乙产品	直接材料	100	1.5	150		446.25	10 553.75	11 000.00
	丙产品	直接材料	300	4.0	1 200		3 570.00	32 430.00	36 000.00
	小　计				1 800	2.975	5 355.00	64 645.00	70 000.00

（续表）

应借科目			共同耗用材料费用					直接领用材料费用	耗用材料费用合计
总账及二级科目	明细科目	成本或费用项目	产量/件	消耗定额/千克	定额消耗量/千克	分配率	应分配材料费用		
生产成本——辅助生产成本	机修车间	材料费						5 000.00	5 000.00
	供水车间	材料费						3 000.00	3 000.00
	小　计							8 000.00	8 000.00
制造费用	基本车间	机物料消耗						1 000.00	1 000.00
管理费用		其他费用						600.00	600.00
销售费用		其他费用						800.00	800.00
合　计							5 355.00	75 045.00	80 400.00

郑州市体育器材厂应根据A材料费用分配表（见表3-1）分配材料费用记入有关账户，其会计分录如下。

借：基本生产成本——甲产品——直接材料　　23 000
　　基本生产成本——乙产品——直接材料　　11 000
　　基本生产成本——丙产品——直接材料　　36 000
　　辅助生产成本——机修车间　　5 000
　　辅助生产成本——供水车间　　3 000
　　制造费用——基本车间——机物料消耗　　1 000
　　管理费用——其他费用　　600
　　销售费用——其他费用　　800
　贷：原材料——A材料　　　　80 400

任务三　人工费用的核算

任务目标

通过本任务的学习，你应该能够：

1. 了解人工费用的核算内容。
2. 掌握人工费用的归集和分配方法。

知识要点

人工费用的核算：
- 人工费用的核算内容
- 人工费用的归集
- 人工费用的分配

业务认知

人工费用也称职工薪酬，是指企业为获得职工提供的服务而给予各种形式的报酬及其他相关支出，是企业必须付出的人力成本。根据《企业会计准则第 9 号——职工薪酬》的规定、职工薪酬的内容主要包括职工工资、奖金、津贴和补贴、职工福利费，医疗保险费、养老保险费、失业保险费、工伤保险费和生育保险费等社会保险费及商业保险费、住房公积金、工会经费和职工教育经费、非货币性福利、辞退福利和其他与获得职工提供服务相关的支出。人工费用是工业企业生产加工的劳动力费用，是产品生产中必要的活劳动要素。下面介绍人工费用归集和分配及会计处理。

一、人工费用的归集

（一）工资费用的归集

工资费用是职工在为企业服务期间应该获得的基本劳动报酬，包括职工工资、奖金、津贴和补贴，其中职工工资又分为计时工资、计件工资、加班加点工资和特殊情况下支付的工资。工资费用的归集应先分别按工资项目计算每个职工的工资费用并编制工资结算单，然后按车间、部门等分类进行汇总并编制工资结算汇总表。

1. 计时工资的计算

计时工资的计算是指根据每个职工工资卡片上确定的工资标准，按照考勤记录登记的出勤或缺勤情况来计算工资费用。在实际工作中，计时工资可以按出勤天数计算月工资，也可以按缺勤天数扣月标准工资。根据原劳动保障部（现人力资源和社会保障部）2009 年 2 月公布的最新职工全年月平均工作时间和工资折算办法，月制度计薪日为 21.75 天，即全年 365 天减去 104 个双休日后除以 12 个月。由此可见，目前 11 个法定节假日已纳入计薪体系，职工在 11 个法定节假日可以带薪休假。

小知识

会计人员必须掌握的日期（一）

24 小时　会计人员继续教育的学时。

2 天　开户人资料变更，开户银行办理变更后 2 日内向人民银行报告。

3 天　银行账户开设 3 天方可办理业务，开设一般存款账户等的，应在开户后 3 日内书面通知基本账户银行；托收承付中验单付款的期限。

5 天　开户后资料变更的，5 日内提出变更；开设一般存款账户的，应在开户后 5 日内向人民银行备案。

6 天　月度财务报告在月度终了后对外提供。

10 天　对于财务人员反映违反国家统一的财政收支单位领导人作出书面处理意见的期限、从业资格证的限期办理期限、支票提示付款的期限、托收承付中验货付款的期限、外出经营活动税收证明期满后 10 日缴销、商业汇票到期后的提示付款期。

15天　季度财务报告在季度终了后对外提供，遗失税务登记证件15日内报告主管税务机关、办理注销税务登记的期限、领取税务登记证件后15日内将财务制度报送税务部门、减免税条件发生变化的15日内向税务机关报告。

20天　从业资格证的办理期限。

30天　开户一年内未发生业务的30日办理销户、办理税务登记的期限、税务机关受理后30日内发证、税务登记证的变更登记、外出经营活动税收证明的一般期限为30天，最长不超过180天。

例3-5　郑州市体育器材厂行政人员李红月工资标准为2 175元，2013年3月考勤记录登记李红出勤16天，病假1天，事假4天，迟到2次。李红单位规定：病假按70%发工资，旷工、事假扣发全天工资，迟到、早退一次扣15元。请问该月应付李红多少工资？

① 按出勤天数计算月工资。

日工资标准＝2 175÷21.75＝100(元)

应付出勤工资＝100×16＝1600(元)

应付病假工资＝100×1×70%＝70(元)

迟到应扣工资＝15×2＝30(元)

应付工资＝1 600＋70－30＝1640(元)

② 按缺勤天数扣月标准工资。

病假应扣工资＝100×1×(1－70%)＝30(元)

事假应付工资＝100×4＝400(元)

迟到应扣工资＝15×2＝30(元)

应付工资＝2 175－30－400－30＝1 715(元)

2. 计件工资的计算

计件工资的计算是指根据产量记录中登记的每个工人的产品产量，乘以规定的计件单价来计算工资费用。在实际工作中，由于料废品(材料缺陷导致的不合格产品)的产生与生产工人无关，所以产品产量应该包括合格品数量和料废品数量。

例3-6　郑州市体育器材厂基本生产车间2013年3月产量记录中，登记王林生产甲产品100件，其中合格品95件，料废品3件，工废品2件；生产乙产品200件全部为合格品。甲产品的计件单价为10元，乙产品的计件单价为3元，请问该月应付王林多少工资？

甲产品计件工资＝(95＋3)×10＝980(元)

乙产品计件工资＝200×3＝600(元)

应付工资＝980＋600＝1 580(元)

3. 加班加点工资的计算

加班加点工资的计算是指根据每个职工工资卡片上确定的工资标准，按照考勤记录登记的职工超过法定工作时间的工作来计算工资费用。

例3-7　郑州市体育器材厂行政人员李红月工资标准为2 175元，2013年2月考勤记录登记李红春节长假7天都加班，其中前3天是法定节假日(即除夕、春节、初二)，后4天是双休日（即初三至初六）。李红单位规定：法定节假日加班按300%发工资，双休日加班按200%发工资。请问该月应付李红多少加班加点工资？

日工资标准＝2 175÷21.75＝100（元）

应付加班加点工资＝100×300%×3＋100×200%×4＝1 700（元）

4. 应付工资的计算

应付工资＝计时工资（计件工资）＋加班加点工资＋特殊情况下支付的工资＋奖金＋津贴和补贴

实发工资＝应付工资－各种扣款合计

（二）工资附加费用的归集

工资附加费用是指以工资总额为计提基础，按照国家及地方有关法律法规的规定或企业自行确定的计提比例计算的职工薪酬费用，包括医疗保险费、养老保险费、失业保险费、工伤保险费、生育保险费、住房公积金、工会经费、职工教育经费和职工福利费。其中对于职工福利费，国家及地方有关法律法规没有规定计提基础和计提比例，在实际工作中，企业一般习惯于以工资总额为计提基础，并根据历史经验数据和自身实际情况自行确定适当的计提比例进行计算。

例 3-8　郑州市体育器材厂基本生产车间2013年5月生产工人工资总额为100 000元，根据企业所在地政府相关规定，企业分别按职工工资总额的8%、20%、2%、1%、0.5%、12%、2%、1.5%计提医疗保险费、养老保险费、失业保险费、工伤保险费、生育保险费、住房公积金、工会经费、职工教育经费。企业根据历史经验数据和自身实际情况自行确定按工资总额的10%计提职工福利费。

应计提的医疗保险费＝100 000×8%＝8 000（元）

应计提的养老保险费＝100 000×20%＝20 000（元）

应计提的失业保险费＝100 000×2%＝2 000（元）

应计提的工伤保险费＝100 000×1%＝1 000（元）

应计提的生育保险费＝100 000×0.5%＝500（元）

应计提的社会保险费小计＝8 000＋20 000＋2 000＋1 000＋500＝31 500（元）

应计提的住房公积金＝100 000×12%＝12 000（元）

应计提的工会经费＝100 000×2%＝2 000（元）

应计提的职工教育经费＝100 000×1.5%＝1 500（元）

应计提的职工福利费＝100 000×10%＝10 000（元）

应计提的工资附加费合计＝31 500＋12 000＋2 000＋1 500＋10 000＝57 000（元）

郑州市体育器材厂在分配基本生产车间生产工人职工薪酬时，其会计分录如下。

借：基本生产成本	157 000	
贷：应付职工薪酬——工资		100 000
——社会保险费		31 500
——住房公积金		12 000
——工会经费		2 000

——职工教育经费　　1 500
——职工福利　　10 000

（三）非货币性福利费用的归集

非货币性福利是指企业把自己的产品或其他有形资产发放给职工或提供给职工无偿使用的以非货币形式向职工支付的薪酬费用。企业支付的非货币性福利，如果能够确定受益对象，应直接计入受益对象的成本、费用中；如果难以确定受益对象，应直接记入当期“管理费用”账户，并确认“应付职工薪酬——非货币性福利”项目。

例 3-9　郑州市体育器材厂 2013 年 5 月购入 120 台不含税价格为 100 元的电水壶发放给职工，其中行政管理部门人员领取 10 台，基本生产车间生产工人领取 100 台，车间管理人员领取 10 台。

每台电水壶的含税价格＝100×（1＋17%）＝117（元）

行政管理人员应分配的非货币性福利费＝117×10＝1 170（元）

车间生产工人应分配的非货币性福利费＝117×100＝11 700（元）

车间管理人员应分配的非货币性福利费＝117×10＝1 170（元）

郑州市体育器材厂 2013 年 5 月在分配该非货币性福利费用时，编制会计分录如下。

借：管理费用　　1 170
　基本生产成本　　11 700
　制造费用——基本车间　　1 170
　贷：应付职工薪酬——非货币性福利　　14 040

（四）其他职工薪酬费用的归集

企业支付的辞退福利等前述职工薪酬以外的其他职工薪酬费用，一般难以确定受益对象，应直接记入当期“管理费用”账户；但如果能够确定受益对象，应计入受益对象成本、费用中，并确认“应付职工薪酬——辞退福利”账户等。

例 3-10　根据例 3-8、例 3-9 及其他相关资料，郑州市体育器材厂 2013 年 5 月编制的职工薪酬费用汇总表，如表 3-2 所示。

表 3-2　职工薪酬费用汇总表

单位：郑州市体育器材厂　　2013 年 05 月　　元

车间、部门		工资	职工福利	社会保险费	住房公积金	工会经费	职工教育经费	非货币性福利	其他职工薪酬	合　计
基本生产车间	生产工人	100 000	10 000	31 500	12 000	2 000	1 500	11 700		168 700
	管理人员	10 000	1 000	3 150	1 200	200	150	1 170		16 870

（续表）

车间、部门		工资	职工福利	社会保险费	住房公积金	工会经费	职工教育经费	非货币性福利	其他职工薪酬	合 计
辅助生产车间	机修车间	10 000	1 000	3 150	1 200	200	150		300	16 000
	供水车间	20 000	2 000	6 300	2 400	400	300		600	32 000
行政管理部门		16 000	1 600	5 040	1 920	320	240	1 170		26 290
专设销售部门		8 000	800	2 520	960	160	120			12 560
合 计		164 000	16 400	51 660	19 680	3 280	2 460	14 040	900	272 420

二、人工费用的分配

职工薪酬费用按照发生的地点和用途归集后，一般可以根据职工薪酬费用汇总表直接计入到各受益对象的成本费用中。基本生产车间直接从事产品生产的生产工人的职工薪酬，应单独记入“基本生产成本”账户；辅助生产车间直接用于产品生产或提供劳务的生产工人的职工薪酬，记入“辅助生产成本”账户；生产车间为组织和管理生产等人员的职工薪酬，记入“制造费用”账户；企业行政管理部门人员的职工薪酬，记入“管理费用”账户；企业销售部门人员的职工薪酬，记入“销售费用”账户；职工福利机构人员的职工薪酬，记入“应付职工薪酬——职工福利”账户，等等。

如果生产车间同时生产几种产品，则作为直接人工成本的职工薪酬，应采用一定的方法分配计入各产品成本中。如果是以计件工资为基础归集的职工薪酬，则可根据各产品的产量和每件人工费率分别进行汇总，计算出每种产品应负担的职工薪酬费用；如果是以计时工资为基础归集的职工薪酬，则难以对职工薪酬的用途进行准确的界定，通常以产品生产耗用的生产工时为分配标准，计算出每种产品应负担的职工薪酬费用。产品生产工时比例法的计算公式如下。

$$\text{职工薪酬费用分配率}=\frac{\text{职工薪酬费用总额}}{\text{各种产品的生产工时之和}}$$

某种产品应分配的职工薪酬费用＝该产品的生产工时×职工薪酬费用分配率

例 3-11 郑州市体育器材厂 2013 年 5 月编制的职工薪酬费用汇总表（见表 3-2），归集的基本生产车间生产工人的职工薪酬为 168 700 元，该车间生产甲、乙、丙 3 种产品的生产工时分别为 5 000 小时、2 870 小时、9 000 小时。请问按产品生产工时比例法，甲、乙、丙 3 种产品分别应分配多少职工薪酬？

职工薪酬费用分配率＝168 700÷（5 000＋2 870＋9 000）＝10（元/小时）

甲产品应分配的职工薪酬＝5 000×10＝50 000(元)

乙产品应分配的职工薪酬＝2 870×10＝28 700(元)

丙产品应分配的职工薪酬＝9 000×10＝90 000(元)

如果取得各种产品的实际生产工时数据比较困难，而各种产品的工时定额比较准确、稳定，也可以按产品的定额工时比例分配职工薪酬。月末职工薪酬的分配应先按车间和部门编制职工薪酬费用分配表，然后汇总编制职工薪酬费用分配汇总表。

例 3-12　郑州市体育器材厂 2013 年 5 月职工薪酬费用分配汇总表如表 3-3所示。

表 3-3　职工薪酬费用分配汇总表

单位：郑州市体育器材厂　　　　2013 年 05 月　　　　元

应借科目			直接计入职工薪酬	分配计入职工薪酬			合　计
总账及二级科目	明细科目	成本或费用项目		生产工时/小时	分配率	应分配职工薪酬费用	
生产成本——基本生产成本	甲产品	直接人工		5 000	10	50 000	50 000
	乙产品	直接人工		2 870		28 700	28 700
	丙产品	直接人工		9 000		90 000	90 000
	小　计			16 870		168 700	168 700
生产成本——辅助生产成本	机修车间	职工薪酬	16 000				16 000
	供水车间	职工薪酬	32 000				32 000
	小　计		48 000				48 000
制造费用	基本车间	职工薪酬	16 870				16 870
管理费用		职工薪酬	26 290				26 290
销售费用		职工薪酬	12 560				12 560
合　计			103 720			168 700	272 420

郑州市体育器材厂应根据职工薪酬费用分配汇总表(见表 3-3)分配职工薪酬费用并记入有关账户，其会计分录如下。

借：基本生产成本——甲产品——直接人工　　50 000
　　　　　　　　——乙产品——直接人工　　28 700
　　　　　　　　——丙产品——直接人工　　90 000
　　辅助生产成本——机修车间　　16 000
　　　　　　　　——供水车间　　32 000
　　制造费用——基本车间——职工薪酬　　16 870
　　管理费用——职工薪酬　　26 290
　　销售费用——职工薪酬　　12 560
　贷：应付职工薪酬　　272 420

任务四　外购动力费用的核算

任务目标

通过本任务的学习，你应该能够：

1. 了解外购动力费用的核算内容。
2. 掌握外购动力费用归集和分配方法。

知识要点

外购动力费用
- 外购动力费用的核算内容
- 外购动力费用的归集
- 外购动力费用的分配

业务认知

外购动力是指企业为进行产品生产而耗用的一切从外部购进的动力，包括电力、热力和蒸汽等。自制动力一般通过“辅助生产成本”账户进行归集和分配，其具体内容将在模块四讲述。下面介绍外购动力费用的归集和分配及会计处理。

一、外购动力费用的归集

外购动力费用是指企业从外单位购入的电力、热力和蒸汽等动力而发生的费用。一般情况下，使用的外购动力都有仪器仪表等计量装置，在支付外购动力费用时，应根据计量装置上记录的耗用数量乘以规定的单价向提供动力的单位支付款项。但在实际工作中，外购动力提供单位一般在每月下旬计量使用单位的动力耗用数量，结算使用单位从上月计量日到本月计量日应支付的动力费用。而企业应当依据权责发生制基础，按照当月外购动力计量装置记录的实际耗用量乘以规定的单价来计算当月实际耗用的外购动力费用，而不管这些款项是否已经支付。因此，会计实务中一般通过“应付账款”账户来核算外购动力费用，即在支付外购动力费用时借记“应付账款”账户，贷记“银行存款”账户；月末分配当月实际耗用外购动力费用的应付款时，借记有关成本、费用等账户，贷记“应付账款”账户。如果“应付账款”账户月末为借方余额，则当月支付款大于应付款的多付外购动力费用，可以抵冲下月应付款；如果为贷方余额，则当月支付款小于应付款的应付未付外购动力费用，可以在下月支付。

如果每月支付外购动力费用的日期基本固定，而且每月付款日到月末的应付动力费用相差不大时，也可以不通过“应付账款”账户核算，而将每月支付的外购动力费用作为当月实际发生的动力费用，在付款时直接借记有关成本、费用等账户，贷记“银行存款”账户，每月归集和分配一次外购动力费用。因为在这种情况下，各月付款日到月末的应付外购动力费用可以相互抵消，不影响各月外购动力费用核算的准确性。

小知识

第一次会计专业技术资格考试

1992 年 3 月 21 日，国家财政部、人事部联合颁布《会计专业技术资格考试暂行规定》和《实施办法》，对会计专业技术资格实行考试制度，并于当年 11 月首次组织了全国的统一考试。152 万会计人员参加了该次考试。这是新中国建国以来第一次规定以考试来决定会计从业人员的专业技术资格。

二、外购动力费用的分配

由于各车间和部门一般都分别装有仪器仪表等计量装置，所以各车间和部门之间可以根据计量装置上记录的耗用数量乘以规定的单价来确定其应分配的外购动力费用；而在没有仪器仪表等计量装置的情况下，生产产品直接耗用的动力费用可以按生产工时、机器工时或定额消耗量等作为分配标准进行分配。外购动力费用分配通常要编制外购动力费用分配表。

例 3-13　郑州市体育器材厂 2013 年 5 月外购动力费用分配表如表 3-4 所示。

表 3-4　外购动力费用分配表

单位：郑州市体育器材厂　　　　2013 年 05 月　　　　元

应借科目			电费的分配			动力费用的分配			合　计
总账科目	明细科目	成本或费用项目	用电量/度	单价/(元/度)	分配金额	生产工时/小时	分配率	分配金额	
基本生产成本	甲产品	燃料及动力				3 000	5	15 000	15 000
	乙产品	燃料及动力				1 000	5	5 000	5 000
	丙产品	燃料及动力				6 000	5	30 000	30 000
	小　计		100 000	0.5	50 000	10 000		50 000	50 000
辅助生产成本	机修车间	水电费	2 000	0.5	1 000				1 000
	供水车间	水电费	4 000	0.5	2 000				2 000
	小　计		6 000		3 000				3 000
制造费用	基本车间	水电费	5 000	0.5	2 500				2 500
管理费用		水电费	4 000	0.5	2 000				2 000
销售费用		水电费	1 000	0.5	500				500
合　计			116 000		58 000	10 000		50 000	58 000

郑州市体育器材厂应根据外购动力费用分配表（见表3-4）分配外购动力费用并记入有关账户，其会计分录如下。

借：基本生产成本——甲产品——燃料及动力　15 000
　　　　　　　——乙产品——燃料及动力　5 000
　　　　　　　——丙产品——燃料及动力　30 000
　　辅助生产成本——机修车间　1 000
　　　　　　　——供水车间　2 000
　　制造费用——基本车间——水电费　2 500
　　管理费用——水电费　2 000
　　销售费用——水电费　500
　　贷：应付账款　58 000

任务五　其他各项要素费用的核算

任务目标

通过本任务的学习，你应该能够：

1. 了解其他各项要素费用的核算内容。
2. 掌握其他各项要素费用核算方法。

知识要点

其他各项要素费用
- 其他各项要素费用的核算内容
- 折旧费用的核算
- 其他要素费用的核算

业务认知

除材料费用、外购动力费用、职工薪酬费用等要素费用外，还有折旧费用、利息支出、税金等其他各项要素费用。下面介绍折旧费用等其他各项要素费用的归集和分配及会计处理。

一、折旧费用的归集和分配

企业的固定资产在使用过程中，价值会随着固定资产的损耗而逐渐减少。折旧是指在固定资产的使用寿命内，按照确定的方法对应计折旧额进行的系统分摊。企业应严格遵循《企业会计准则第4号——固定资产》的规定，根据固定资产的性质和使用情况，合理确定固定资产的使用寿命和预计净残值，选择固定资产折旧方法，对符合计提折旧范围内的固定资产按月计提折旧。

一种产品的生产往往需要使用多种固定资产，而每一种固定资产也可能生产多种产品。

因此，固定资产的折旧费用虽然是直接用于产品生产的费用，但一般属于分配工作比较复杂的间接计入费用。为了简化产品成本的计算工作，企业一般不专门将折旧费单独设立成本项目，而将生产部门用于产品生产的固定资产折旧费用计入制造费用，并作为制造费用的一个费用项目。计提的折旧费一般应按其使用的车间、部门进行归集和分配，折旧费用的分配通常要编制折旧费用分配表。如果企业固定资产折旧变化不很频繁，为减轻折旧计算的工作量，本月折旧额是在上月折旧额的基础上，加上上月增加固定资产应计提的折旧额，减去上月减少固定资产应计提的折旧额。

例 3-14　郑州市体育器材厂 2013 年 5 月折旧费用分配表如表 3-5 所示。

表 3-5　折旧费用分配表

单位：郑州市体育器材厂　　　　2013 年 05 月　　　　元

应借科目	车间、部门	4 月固定资产折旧额	4 月增加固定资产折旧额	4 月减少固定资产折旧额	5 月固定资产折旧额
制造费用	基本车间	22 000	1 000	600	22 400
生产成本——辅助生产成本	机修车间	3 600	400		4 000
	供水车间	8 000			8 000
	小　计	11 600	400		12 000
管理费用	行政管理部门	800			800
销售费用	专设销售部门	200			200
合　计		34 600	1 400	600	35 400

郑州市体育器材厂应根据折旧费用分配表（见表 3-5）分配折旧费用并记入有关账户，其会计分录如下。

借：制造费用——基本车间——折旧费　　22 400
　　辅助生产成本——机修车间　　4 000
　　　　　　　　——供水车间　　8 000
　　管理费用——折旧费　　800
　　销售费用——折旧费　　200
　　贷：累计折旧　　35 400

小知识

会计人员必须掌握的日期（二）

1 个月　银行汇票提示付款的期限。

60 天　半年度财务报告在半年度终了 60 天后对外提供。

2 个月　银行本票提示付款的期限、汇总 2 个月内无法交付应退汇。

90 天　持证人员从事会计工作 90 天内进行上岗注册登记。

3 个月　延期交纳税款的最长期限、纳税人被纳入非正常户超过 3 个月的税务机关可宣布税务登记证件无效。

4个月　年度财务报告在年度终了4个月后对外提供。

180天　外出经营累计超180天的应在营业地办理税务登记。

6个月　持证人员离岗6个月应进行离岗备案、商业汇票的最长期限。

1年　纳税人停业的最长期限、年度终了后会计档案由会计室保管1年。

2年　财会类中专以上毕业生在2年内可免试会计基础、电算化、临时存款账户。

3年　年度财务报告保管期限、总会计师应主管一个单位或单位一个重要方面的财务不少于3年、会计主管人员的一个条件是从事财务工作不少于3年。

5年　固定资产卡片账在固定资产报废后保管期限、被依法吊销会计证的人员5年内不得重新参加从资格考试、发票存根和发票登记簿应当保存的期限。

10年　纳税资料的保存期限。

15年　原始凭证、记账凭证保管，总账明细账(除辅助账、日记账)。

25年　日记账保管期限、会计档案定期保管的最长期限。

永久　年度财务报告保管、被追究刑事责任的人不得参加从业考试。

二、其他费用的归集和分配

其他费用是指除了前面所述的各要素费用以外的费用，包括利息、税金、水电费、电话费、报刊费、办公用品费、差旅费、租赁费、保险费、劳动保护费、检验费等。这些费用金额往往不大，都没有专门设立成本项目，一般属于间接费用或期间费用，这些费用发生时，应按照发生的车间、部门和用途，分别计入“制造费用”、“辅助生产成本”、“管理费用”等账户。其他费用的分配通常要编制其他费用汇总表。

例 3-15　郑州市体育器材厂2013年5月其他费用分配汇总表如表3-6所示。

表3-6　其他费用分配汇总表

单位:郑州市体育器材厂　　2013年05月　　元

应借科目		成本或费用项目					
总账及二级科目	明细科目	办公费	保险费	租赁费	税　金	其　他	合　计
制造费用	基本车间	1 800	1 500	2 000		800	6 100
生产成本——辅助生产成本	机修车间	600	800			600	2 000
	供水车间	400	600			200	1 200
	小　计	1 000	1 400			800	3 200
管理费用		4 500	1 000		600	1 300	7 400
销售费用		800	300	3 000		500	4 600
合　计		8 100	4 200	5 000	600	3 400	21 300

郑州市体育器材厂应根据其他费用分配汇总表(见表3-6)分配其他费用并记入有关账户，其会计分录如下。

借：制造费用——基本车间	6 100	
辅助生产成本——机修车间	2 000	
——供水车间	1 200	
管理费用	7 400	
销售费用	4 600	
贷：银行存款等		21 300

模块小结

1. 重点：熟练掌握要素费用归集和分配的原则。
2. 难点：选择适合本企业分配各要素费用的方法并编制相关费用分配表。

思考与实践

1. 到工业企业财务科去实习，了解该企业都有哪些要素费用，各种要素费用都适用哪些分配方法。

2. 通过本模块所学的知识，阐述一下该企业所采用的要素费用核算方法是否合理。

3. 通知实习，分析一下如果企业采用不同的方法分配要素费用，对产品成本的计算有什么影响。

关键练习

一、名词解释

受益性原则 可靠性原则 消耗定额 定额消耗量 费用定额 定额费用 生产工时比例法

二、简答题

1. 要素费用的归集和分配应遵循哪些原则？
2. 如何选择适当的要素费用分配方法？常用的分配标准有哪些？
3. 什么是“假退料”办法？
4. 外购动力费用为什么要通过“应付账款”账户来核算？
5. 职工薪酬主要包括哪些内容？

三、计算分析题

1. 练习材料费用归集和分配的核算

资料：某企业本月耗用 10 000 元原材料，其中生产甲产品耗用 600 千克，生产乙产品耗用 400 千克，基本生产车间机器维护耗用 50 千克，供水车间耗用 300 千克，管理部门耗用 100 千克。

要求：请分配本月原材料费用，并编制相应会计分录（分配率保留 4 位小数，计算结果保留 2 位小数）。

2. 练习材料费用归集和分配的核算

资料：某企业一车间生产甲、乙两种产品，共耗用A原材料6 000千克，每千克10元；二车间生产丙产品，耗用B原材料4 000千克，每千克20元。本月甲、乙、丙3种产品的产量分别为500件、400件、100件，原材料消耗定额分别为6千克、5千克、39千克。

要求：请分配本月原材料费用，并编制相应会计分录。

3. 练习外购动力费用归集和分配的核算

资料：某企业本月应支付20 000元电费，其中基本生产车间、供水车间、厂部管理部门、职工家属楼用电量分别为15 000度、10 000度、8 000度、7 000度。

要求：请分配本月电费，并编制相应会计分录。

4. 练习人工费用归集和分配的核算

资料：某职工月工资标准为1 740元，考勤记录登记该职工当月出勤19天，病假2天，事假1天，双休日加班1天，迟到2次。单位规定：双休日加班按200%发工资，病假按80%发工资，旷工、事假扣发全天工资，迟到、早退一次扣20元。

要求：请按出勤天数计算该职工当月应付工资额。

5. 练习人工费用归集和分配的核算

资料：产量记录中登记某职工当月生产甲产品100件，其中合格品98件，料废品1件，工废品1件，甲产品的计件单价为12元。该职工表现突出，公司决定加发200元奖金。

要求：请按计件工资计算该职工当月应付工资额。

6. 练习人工费用归集和分配的核算

资料：某公司基本生产车间生产工人工资总额为80 000元，根据公司所在地政府相关规定，公司分别按职工工资总额的8%、20%、2%、1%、0.5%、12%、2%、1.5%计提医疗保险费、养老保险费、失业保险费、工伤保险费、生育保险费、住房公积金、工会经费、职工教育经费。企业根据历史经验数据和自身实际情况自行确定按工资总额的10%计提职工福利费。该车间生产的甲、乙产品的生产工时分别为6 000小时、4 000小时。

要求：请计算该车间生产工人的应付职工薪酬费用总额并按产品生产工时比例法进行分配，编制相应会计分录。

模块四 辅助生产费用的归集和分配

模块导入

成本会计主管:张兴

嗨,大家好! 我是成本会计主管张兴,企业的供水、供电、供汽、维修、运输等辅助生产车间生产的产品或提供的劳务一般不对外销售,那么需不需要对这些辅助生产车间进行成本核算呢? 辅助生产车间生产的产品或提供的劳务主要为基本生产车间服务,只有辅助生产产品和劳务的成本确定后,才能计算基本生产的产品和劳务成本。因此,正确、及时地归集辅助生产费用,计算辅助生产成本,分配辅助生产费用,对于正确、及时地计算基本生产成本具有重要意义。

如何对企业辅助生产车间的各项耗费进行归集和分配呢? 如果辅助生产车间的规模较大,制造费用较多,并且经常对外提供产品或劳务,则需要单独归集辅助生产车间发生的制造费用;如果辅助生产车间规模较小,制造费用较少,或者不对外提供产品或劳务,为简化成本核算工作,则不需要单独归集辅助生产车间发生的制造费用。因此,需要在了解辅助生产费用核算特点的基础上,掌握辅助生产费用的归集,重点掌握辅助生产费用的分配方法。

任务一 辅助生产费用核算概述

任务目标

通过本任务的学习,你应该能够:

1. 了解辅助生产和辅助生产费用的含义。
2. 了解辅助生产费用核算的特点。

知识要点

辅助生产费用
- 辅助生产费用的含义
- 辅助生产费用核算的特点

业务认知

工业企业通常有基本生产车间和辅助生产车间之分,辅助生产车间生产的产品或提供的劳务主要为基本生产车间服务,一般不对外销售。因此,辅助生产费用的核算也有别于基本生产成本的核算。下面介绍辅助生产和辅助生产费用的含义及辅助生产费用核算的特点。

一、辅助生产及辅助生产费用的含义

1. 辅助生产

辅助生产主要是指为基本生产服务而进行的产品生产或劳务供应。企业通常设置专门的辅助生产车间来组织辅助生产产品的生产或劳务供应。辅助生产车间生产的产品或提供的劳务有时也对外销售，但这不是辅助生产的主要任务。供水、供电、供汽、运输等辅助生产只生产一种产品或提供一种劳务，而工具、模具、修理用备件制造及机器设备维修等辅助生产则生产多种产品或提供多种劳务。

2. 辅助生产费用

辅助生产费用是指辅助生产车间为生产产品或提供劳务而发生的材料费用、人工费用、动力费用和其他费用。为生产或提供一定种类和一定数量的产品或劳务而耗费的辅助生产费用之和，就是该产品或劳务的辅助生产成本。辅助生产车间生产的产品或提供的劳务在为基本生产车间、行政管理部门等单位服务时，其辅助生产成本将转化为基本生产车间的制造费用、行政管理部门的管理费用、销售机构的销售费用等。因此，只有辅助生产产品和劳务的成本确定后，才能计算基本生产的产品和劳务成本。

二、辅助生产费用核算的特点

辅助生产费用的核算包括辅助生产费用的归集和分配两个方面。辅助生产费用按照辅助生产车间及产品和劳务类别归集的过程，也是辅助生产产品和劳务成本计算的过程。辅助生产费用的分配，是指按照一定的标准和方法将辅助生产费用分配到基本生产车间等受益对象中去。辅助生产费用的归集是辅助生产费用分配的前提，辅助生产费用的分配是辅助生产费用核算的关键。

任务二　辅助生产费用的归集

任务目标

通过本任务的学习，你应该能够：

1. 掌握单独核算辅助生产车间制造费用的辅助生产费用的归集方法。

2. 掌握不单独核算辅助生产车间制造费用的辅助生产费用的归集方法。

知识要点

不单独核算制造费用的辅助生产费用的归集

业务认知

在实际工作中，一般按车间及产品和劳务分别设立“辅助生产成本”明细账，明细账中按照成本或费用项目设专栏或专行进行辅助生产费用的明细核算。下面介绍辅助生产费用归集的两种核算方式。

一、辅助生产车间单独核算制造费用

如果辅助生产车间的规模较大，制造费用较多，并且经常对外提供产品或劳务，则需要按规定的成本项目计算产品成本，一般应先通过“制造费用——辅助生产车间”账户借方归集辅助生产车间发生的制造费用，然后再从其贷方直接或分配转入“辅助生产成本”账户及其所属明细账（见表4-1）的借方。这种核算方式与基本生产成本核算方式相同，故其具体核算不再赘述。

表4-1　辅助生产成本明细账

车间：　　　　劳务或产品名称：　　　　元

年		凭证号	摘　要	直接材料	直接人工	制造费用	合　计
月	日						
			分配材料费用	20 000			20 000
			分配职工薪酬		6 800		6 800
			分配制造费用			15 000	15 000
			本月合计	20 000	6 800	15 000	41 800

二、辅助生产车间不单独核算制造费用

如果辅助生产车间规模较小，制造费用较少，或者不对外提供产品或劳务，不需要按规定的成本项目计算产品成本，为简化成本核算工作，辅助生产车间发生的制造费用一般直接记入“辅助生产成本”账户及其所属明细账（见表4-2、表4-3）的借方，而不通过“制造费用”账户归集。本模块以这种方式为例讲述辅助生产费用的核算。

例4-1　仍以郑州市体育器材厂2013年5月为例，根据模块三材料费用分配表（见表3-1）、职工薪酬费用分配表（见表3-3）、外购动力费用分配表（见表3-4）、折旧费用分配表（见表3-5）和其他费用分配表（见表3-6），将辅助生产耗用的各项要素登记入账后，各辅助生产成本明细账如表4-2、表4-3所示。

表4-2　辅助生产成本明细账

车间：机修车间　　　　2013年05月　　　　元

2013年		凭证号	摘　要	材料费	职工薪酬	水电费	折旧费	其他费用	合　计
月	日								
5	31		分配材料费用（见表3-1）	5 000					5 000
5	31		分配电费（见表3-2）			1 000			1 000
5	31		分配职工薪酬（见表3-4）		16 000				16 000

（续表）

2013 年		凭证号	摘　要	材料费	职工薪酬	水电费	折旧费	其他费用	合　计
月	日								
5	31		分配折旧费(见表 3-5)				4 000		4 000
5	31		分配其他费用(见表 3-6)					2 000	2 000
5	31		本月合计	5 000	16 000	1 000	4 000	2 000	28 000

表 4-3　辅助生产成本明细账

车间：供水车间　　　　2013 年 05 月　　　　元

2013 年		凭证号	摘　要	材料费	职工薪酬	水电费	折旧费	其他费用	合　计
月	日								
5	31		分配材料费用(见表 3-1)	3 000					3 000
5	31		分配电费(见表 3-2)			2 000			2 000
5	31		分配职工薪酬(见表 3-4)		32 000				32 000
5	31		分配折旧费(见表 3-5)				8 000		8 000
5	31		分配其他费用(见表 3-6)					1 200	1 200
5	31		本月合计	3 000	32 000	2 000	8 000	1 200	46 200

由表 4-2 可以归集出该月机修车间辅助生产成本为 28 000 元，由表 4-3 可以归集出供水车间辅助生产成本为 46 200 元。

任务三　辅助生产费用的分配

任务目标

通过本任务的学习，你应该能够：

1. 了解各种辅助生产费用分配方法的特点、会计处理和适用范围。

2. 掌握结合企业特点选择恰当的辅助生产费用分配方法。

知识要点

辅助生产费用的分配：
- 直接分配法
- 交互分配法
- 代数分配法
- 计划成本分配法

业务认知

辅助生产车间提供的产品和劳务，主要是为基本生产车间和行政管理部门使用和服务的，但在辅助生产车间之间，也往往有相互提供产品和劳务的情形。例如，供水车间为机修车间供水，机修车间也为供水车间提供修理。为了正确计算辅助生产产品和劳务的成本，在分配辅助生产费用时，还应在相互提供劳务的各辅助生产车间之间进行费用的交互分配，这就是辅助生产费用分配的特点。下面介绍各种辅助生产费用分配方法的特点、会计处理和适用范围。

由于辅助生产车间所生产产品和提供劳务的种类不同，其分配转出的程序也不一样。例如，工具、模具、修理用备件车间生产的工具、模具、修理用备件等产品成本，应在产品完工入库时，将其成本从“辅助生产成本”账户贷方转入“周转材料——低值易耗品”或“原材料”等账户借方；在有关车间、部门领用时，再从“周转材料——低值易耗品”或“原材料”等账户贷方转入“制造费用”、“销售费用”、“管理费用”等账户借方。机修、供水、供电车间提供的修理、水、电等产品和劳务的成本，要在各受益对象之间按照所耗数量或其他适当标准进行分配。辅助生产费用的分配，应通过编制辅助生产费用分配表来进行。分配辅助生产费用的常用方法主要有直接分配法、交互分配法、代数分配法和计划成本分配法等。

一、直接分配法

直接分配法是不考虑辅助生产车间之间相互提供产品或劳务的情况，即不经过辅助生产费用的交互分配，而是将各辅助生产费用直接分配给辅助生产以外的各受益对象。其计算公式如下。

$$\text{辅助生产费用分配率}=\frac{\text{该辅助车间归集的费用总额}}{\text{该辅助车间提供的产品或劳务总量}-\text{对其他辅助车间提供的产品或劳务量}}$$

某受益对象应分配费用＝该受益对象的耗用量×费用分配率

1. 要点

直接分配法只对外直接分配，不对内交互分配。

2. 优缺点

直接分配法的优点是计算简便易行，缺点是未在辅助生产车间之间分配辅助生产费用，因而分配结果不够正确。

3. 适用范围

直接分配法一般适宜在辅助生产车间内部相互提供产品或劳务不多，不进行对内分配对辅助生产成本影响不大的情况下采用。

例 4-2　仍以郑州市体育器材厂为例，根据表 4-2、表 4-3 所示，2013 年 5 月机修车间和供水车间发生的辅助生产成本分别为 28 000 元和 46 200 元。其劳务受益对象和供应数量如表 4-4 所示。

表 4-4　辅助生产车间劳务供应统计表

2013 年 05 月

受益对象		修理量/小时	供水量/吨
辅助生产车间	机修车间		1 155
	供水车间	300	
基本生产车间		2 000	20 000

（续表）

受益对象	修理量/小时	供水量/吨
行政管理部门	500	1 945
合　计	2 800	23 100

根据以上资料，采用直接分配法编制辅助生产费用分配表（见表4-5）。

机修车间费用分配率＝28 000÷（2 800－300）＝11.2（元/小时）

基本生产车间应分配修理费用＝2 000×11.2＝22 400（元）

行政管理部门应分配修理费用＝500×11.2＝5 600（元）

供水车间费用分配率＝46 200÷（23 100－1 155）≈2.105 3（元/吨）

基本生产车间应分配供水费用＝20 000×2.105 3＝42 106（元）

行政管理部门应分配供水费用＝46 200－42 106＝4 094（元）

表4-5　辅助生产费用分配表（直接分配法）

2013年05月　　元

项目	机修车间		供水车间		金额合计
	数量/小时	金　额	数量/吨	金　额	
待分配费用		28 000		46 200	74 200
劳务供应总量	2 500		21 945		
费用分配率		11.2		2.105 3	
机修车间					0
供水车间					0
基本生产车间	2 000	22 400	20 000	42 106	64 506
行政管理部门	500	5 600	1 945	4 094	9 694
合　计	2 500	28 000	21 945	46 200	74 200

会计分录如下。

借：制造费用——基本生产车间　　64 506

　　管理费用　　9 694

　　贷：辅助生产成本——机修车间　　28 000

　　　　　　　　　　——供水车间　　46 200

二、交互分配法

交互分配法是先根据各辅助生产车间之间相互提供产品或劳务的数量和交互分配前的费用分配率，进行一次对内交互分配；然后将各辅助车间交互分配后的实际费用（即交互分配前的费用加上交互分配转入的费用，减去交互分配转出的费用），再按提供劳务的数量，在辅助生产以外的各受益对象之间进行分配。因此，采用交互分配法，辅助生产费用的分配应分两个步骤，计算公式如下。

第一步：(对内)交互分配

$$\text{辅助生产(对内)交互分配率}=\frac{\text{该辅助车间归集的费用总额}}{\text{该辅助车间提供的产品或劳务总量}}$$

某辅助生产车间应分配费用＝该辅助生产车间的耗用量×交互分配率

第二步：对外(直接)分配

$$\text{某辅助车间交互分配后的实际费用}=\text{该辅助车间归集的费用总额}+\text{对内交互分配转入的费用}-\text{对内交互分配转出的费用}$$

$$\text{辅助生产对外分配率}=\frac{\text{该辅助车间交互分配后的实际费用}}{\text{该辅助车间提供的产品或劳务总量}-\text{对其他辅助车间提供的产品或劳务量}}$$

某受益对象应分配费用＝该受益对象的耗用量×对外分配率

1. 要点

交互分配法先对内交互分配，再对外直接分配。

2. 难点

交互分配法的难点是进行对内交互分配后辅助生产实际费用的确定。

3. 优缺点

交互分配法的优点是提高了分配结果的准确性，缺点是由于交互分配的费用分配率是根据交互分配以前的待分配费用计算的，不是各辅助生产的实际单位成本，因此计算工作量有所增加，且分配结果不够准确。

4. 适用范围

交互分配法一般适宜在辅助生产车间规模较大，相互提供产品或劳务较多且无现代化计算工具的情况下采用。

例 4-3　资料同例 4-2，采用交互分配法编制辅助生产费用分配表(见表 4-6)。

表 4-6　辅助生产费用分配表(交互分配法)

2013 年 05 月　　　　元

项　目	对内交互分配				对外直接分配				金额合计
	机修车间		供水车间		机修车间		供水车间		
	数量/小时	金　额	数量/吨	金　额	数量/小时	金　额	数量/吨	金　额	
待分配费用		28 000		46 200		27 310		46 890	74 200
劳务供应总量	2 800		23 100		2 500		21 945		
费用分配率		10		2		10.924		2.136 7	
机修车间			1 155	2 310					
供水车间	300	3 000							
基本生产车间					2 000	21 848	20 000	42 734	64 582

（续表）

项 目	对内交互分配				对外直接分配				金额合计
	机修车间		供水车间		机修车间		供水车间		
	数量/小时	金 额	数量/吨	金 额	数量/小时	金 额	数量/吨	金 额	
行政管理部门					500	5 462	1 945	4 156	9 618
合 计	300	3 000	1 155	2 310	2 500	27 310	21 945	46 890	74 200

第一步：（对内）交互分配。

机修车间交互分配率＝28 000÷2 800＝10（元/小时）

供水车间应分配修理费用＝300×10＝3 000（元）

供水车间交互分配率＝46 200÷23 100＝2（元/吨）

机修车间应分配供水费用＝1 155×2＝2 310（元）

会计分录如下。

借：辅助生产成本——机修车间　　2 310

　　　　　　　　——供水车间　　3 000

　贷：辅助生产成本——机修车间　　3 000

　　　　　　　　　——供水车间　　2 310

第二步：对外（直接）分配。

机修车间交互分配后的实际费用＝28 000＋2 310－3 000＝27 310（元）

机修车间对外分配率＝27 310÷（2 800－300）＝10.924（元/小时）

基本生产车间应分配修理费用＝2 000×10.924＝21 848（元）

行政管理部门应分配修理费用＝500×10.924＝5 462（元）

供水车间交互分配后的实际费用＝46 200＋3 000－2 310＝46 890（元）

供水车间费用分配率＝46 890÷（23 100－1 155）≈2.136 7（元/吨）

基本生产车间应分配供水费用＝20 000×2.136 7＝42 734（元）

行政管理部门应分配供水费用＝46 200－42 734＝3 466（元）

会计分录如下。

借：制造费用——基本生产车间　　64 582

　　管理费用　　9 618

　贷：辅助生产成本——机修车间　　27 310

　　　　　　　　　——供水车间　　46 890

三、代数分配法

代数分配法是先根据解联立方程的原理，计算出各辅助生产车间产品和劳务的实际单位成本，然后根据各受益对象耗用的数量和实际单位成本分配辅助生产费用。

1. 要点

代数分配法按辅助生产产品或劳务的实际单位成本对内、对外同时分配。

2. 难点

代数分配法的难点是辅助生产产品或劳务实际单位成本的计算。

3. 优缺点

采用代数分配法，要通过解联立方程组计算出各辅助生产车间产品或劳务的实际单位成本，如果辅助生产车间较多，需设立多元一次方程组，计算工作非常复杂，但其优点是分配结果最准确。

4. 适用范围

代数分配法一般适宜在已经实现会计电算化的情况下采用。

例 4-4 资料同例 4-2，采用代数分配法编制辅助生产费用分配表（见表 4-7）。

设机修车间修理费为 x 元/工时，供水车间水费为 y 元/吨，则设立方程组如下。

$$\begin{cases} 28\,000 + 1\,155y = 2\,800x \\ 46\,200 + 300x = 23\,100y \end{cases}$$

解方程组，得 $x \approx 10.88$，$y \approx 2.14$

将计算得出的辅助生产车间劳务的实际单位成本作为费用分配率，用代数分配法编制辅助生产费用分配表，如表 4-7 所示。

表 4-7 辅助生产费用分配表（代数分配法）

2013 年 05 月 元

项 目	机修车间		供水车间		金额合计
	数量/小时	金 额	数量/吨	金 额	
待分配费用		28 000		46 200	74 200
劳务供应总量		2 800		23 100	
费用分配率		10.88		2.14	
机修车间		0.00	1 155	2 473.25	2 473.25
供水车间	300	3 264.99		0.00	3 264.99
基本生产车间	2 000	21 766.61	20 000	42 826.83	64 593.44
行政管理部门	500	5 441.65	1 945	4 164.91	9 606.56
合 计	2 800	30 473.25	23 100	49 464.99	79 938.24

会计分录如下。

借：辅助生产成本——机修车间 2 473.25

　　　　　　　　——供水车间 3 264.99

　　制造费用——基本生产车间 64 593.44

　　管理费用 9 606.56

　　贷：辅助生产成本——机修车间 30 473.25

　　　　　　　　　　——供水车间 49 464.99

四、计划成本分配法

计划成本分配法是先按各辅助生产车间产品和劳务的计划单位成本分配给各受益对象，然后将辅助生产实际成本（该辅助生产车间归集的生产费用与其他辅助生产车间分配转入的费用之和）与按计划单位成本分配成本的差额，再分配给辅助生产以外的各受益对象，为简化分配工作，如果差异较小，也可将差异直接记入“管理费用”账户。

1. 要点

计划成本分配法先按事先确定的辅助生产计划单位成本对内、对外同时分配，再分配辅助生产实际成本和计划成本分配的差异。

2. 难点

计划成本分配法的难点是按计划成本分配后辅助生产实际成本的确定和成本差异的分配。

3. 优缺点

计划成本分配法的优点是简化了计算工作，加速了成本核算，而且便于通过差异考核和评价辅助生产车间的费用支出情况，缺点是计算结果不够准确。

4. 适用范围

计划成本分配法一般适宜在辅助生产产品和劳务的计划单位成本比较准确的情况下采用。

例 4-5　资料同例 4-2，假设机修车间修理费的计划单位成本为 10.8 元/小时，供水车间水费的计划单位成本为 2.5 元/吨，采用计划成本分配法编制辅助生产费用分配表，如表 4-8 所示。

表 4-8　辅助生产费用分配表（计划成本分配法）

2013 年 05 月　　　　元

项　目	机修车间		供水车间		金额合计
	数量/小时	金　额	数量/吨	金　额	
待分配费用		28 000		46 200	74 200
劳务供应总量		2 800		23 100	
计划单位成本		10.8		2.5	
机修车间			1 155	2 483.25	2 483.25
供水车间	300	3 240.00			3 240.00
基本生产车间	2 000	21 600.00	20 000	43 000.00	64 600.00
行政管理部门	500	5 400.00	1 945	4 181.75	9 581.75
按计划成本分配合计	2 800	30 240.00	23 100	49 665.00	79 905.00
辅助生产实际成本		30 483.25		49 440.00	79 923.25
辅助生产成本差异		243.25		−225.00	18.25

第一步：按计划单位成本分配给所有的受益对象。

机修车间按计划单位成本分配合计＝3 240＋21 600＋5 400＝30 240(元)

供水车间按计划单位成本分配合计＝2 483.25＋43 000＋4 181.75＝49 665(元)

会计分录如下。

借：辅助生产成本——机修车间	2 483.25	
——供水车间	3 240.00	
制造费用——基本生产车间	64 600.00	
管理费用	9 581.75	
贷：辅助生产成本——机修车间		30 240.00
——供水车间		49 665.00

第二步：将辅助生产成本差异直接记入“管理费用”账户。

机修车间实际成本＝28 000＋2 483.25＝30 483.25(元)

供水车间实际成本＝46 200＋3 240＝49 440(元)

机修车间成本差异＝30 483.25－3 0240＝243.25(元)

供水车间成本差异＝49 440－49 665＝－225(元)

成本差异合计＝243.25＋(－225)＝18.25(元)

该公司辅助生产成本差异合计为超支差，应记入“管理费用”账户借方，会计分录如下。

借：管理费用	18.25	
贷：辅助生产成本——机修车间		243.25
——供水车间		225.00（红字）

模块小结

1. 重点：熟练掌握直接分配法、交互分配法、代数分配法和计划成本分配法下辅助生产费用分配的特点、会计处理和适用范围。

2. 难点：交互分配法下进行对内交互分配后辅助生产实际费用的确定；代数分配法下辅助生产产品或劳务实际单位成本的计算，即分配率的计算；计划成本分配法下按计划成本分配后辅助生产实际成本的确定和成本差异的分配。

思考与实践

1. 到工业企业财务科去实习，了解该企业都有哪些辅助生产费用，各辅助生产车间的辅助生产费用适用哪些分配方法。

2. 通过本模块所学的知识，阐述该企业所采用的辅助生产费用核算方法是否合理。

3. 通知实习，分析如果企业采用不同的方法分配辅助生产费用，对产品成本的计算有什么影响。

关键练习

一、名词解释

直接分配法　交互分配法　代数分配法　计划成本分配法

二、简答题

1. 辅助生产费用应如何归集？其具体核算方式有哪些？
2. 直接分配法的关键环节有哪些？
3. 交互分配法的关键环节有哪些？
4. 代数分配法的关键环节有哪些？
5. 计划成本分配法的关键环节有哪些？
6. 比较直接分配法、交互分配法、代数分配法和计划成本分配法的计算特点和适用范围有何不同？

三、计算分析题

1. 练习辅助生产费用归集和分配的核算。

资料：2013 年 2 月，某公司机修车间和供电车间归集的辅助生产成本分别为42 000元和 50 500 元，各劳务受益对象和供应数量如表 4-9 所示。

表 4-9 辅助生产车间劳务供应统计

2013 年 02 月

受益对象		修理/工时	供电量/度
辅助生产车间	机修车间		1 000
	供电车间	200	
基本生产车间	甲产品	1 000	20 000
	乙产品	2 000	70 000
	一般耗用	700	6 000
行政管理部门		300	4 000
合 计		4 200	101 000

要求：根据上述资料，按下列规定方法分配辅助生产费用，并编制相应会计分录（分配率保留 4 位小数，计算结果保留 2 位小数）。

① 采用直接分配法分配辅助生产费用，直接填入辅助生产费用分配表（见表 4-10）。

表 4-10 辅助生产费用分配表（直接分配法）

2013 年 02 月 元

项 目	机修车间		供电车间		金额合计
	数量/工时	金 额	数量/度	金 额	
待分配费用					
劳务供应总量					
费用分配率					
机修车间					
供电车间					

（续表）

项　目	机修车间		供电车间		金额合计
	数量/工时	金　额	数量/度	金　额	
甲产品					
乙产品					
基本生产车间					
行政管理部门					
合　计					

② 采用交互分配法分配辅助生产费用，直接填入辅助生产费用分配表（见表4-11）。

表4-11　辅助生产费用分配表（交互分配法）

2013年02月　　元

项　目	对内交互分配				对外直接分配				金额合计
	机修车间		供电车间		机修车间		供电车间		
	数量/工时	金　额	数量/度	金　额	数量/工时	金　额	数量/度	金　额	
待分配费用									
劳务供应总量									
费用分配率									
机修车间									
供电车间									
甲产品									
乙产品									
基本生产车间									
行政管理部门									
合　计									

模块五

制造费用的归集和分配

模块导入

成本会计主管:张兴

嗨,大家好！我是成本会计主管张兴,工作于佳木斯市大宇服装公司。该公司主要生产制作学生校服、工厂劳保服装等产品。

2013 年 5 月 1 日,按租赁合同,出纳员李丽开出一张转账支票给长发村村民委员会,用于支付 5 月份的厂房租金 8 000 元。出纳员李丽根据转账支票存根登记了银行存款日记账后,就交由成本会计李娜填制记账凭证了。那么,李娜该如何填制记账凭证呢?

在填制记账凭证前,我们要搞清楚一个非常重要的问题:付厂房租金到底应记入哪个账户呢？为了能够明确解释这个问题,我们先弄清楚厂房是用来做什么的。

厂房是用来生产企业的产品的,也就是说佳木斯市大宇服装公司租来的厂房是用来生产校服和劳保服装的。显而易见,这个付厂房租金的钱就应该计入产品的成本之中。但是,这里还有一个问题,我们生产的是多种产品,到底将这一个月的房租 8 000 元计入哪种产品呢？是计入本月生产的中学校服的成本中,还是计入为面粉厂生产的劳保服装的成本里呢?从最终的结果看,我们确实要将本月支付的 8 000 元钱全部分摊计入这个月生产的产品中,但要有一个计算过程。

厂房的租金、生产车间管理人员的工资及计提的福利费、为生产产品而发生的水费、电费及车间设备的折旧费用、办公费等,由于事先无法明确这些费用到底哪些是为生产校服而发生的,哪些是为生产劳保服装而发生的,因此,当这些费用发生时,应该将它们记入到“制造费用”这个账户中,到月末需要计算产品的成本时,再将归集的制造费用按一定的标准分配到各种产品中去。

听我一说,你是不是已经知道我们的业务处理流程了,但究竟如何处理是不是还是有点迷茫？在这一知识模块中我会让大家掌握制造费用归集的核算,掌握用生产工人工时比例法和年度计划分配率法对制造费用进行分配,让大家了解生产工人工资比例法和机器工时比例法及各种分配方法的适用范围。

任务一　制造费用的归集

任务目标

通过本任务的学习，你应该能够：

1. 了解制造费用的具体内容。
2. 掌握制造费用的归集方法。

知识要点

制造费用的归集
- 制造费用的概念
- 制造费用的内容
- 制造费用的归集

业务认知

现在我们每一名学生都是企业的成本会计，一个企业发生的若干项费用中哪些算做制造费用呢？企业又是如何归集制造费用的？下面介绍制造费用的概念、内容及归集方法。

一、制造费用的概念及意义

（一）制造费用的概念

制造费用是指制造业企业为生产产品和提供劳务而发生的应计入产品成本但没有专设成本项目的各项生产费用，包括车间管理人员工资及福利费、机物料消耗、折旧费、办公费、水电费、劳动保护费、租赁费（不包括融资租赁费）、试验检验费、低值易耗品摊销，以及季节性和修理期间停工损失等。

制造费用大部分是间接用于产品生产的费用，如机物料消耗、辅助生产工人工资和福利费、车间生产用房屋及建筑物的折旧费等，还包括直接用于产品生产，但管理上不要求或核算上不便于单独核算，因而没有专设成本项目的费用，如机器设备的折旧费、租赁费和保险费，生产工具的摊销、设计制图费和试验检验费等。生产工艺用动力如果没有专设成本项目，也包括在制造费用中。

此外，制造费用还包括车间用于组织和管理生产的费用。虽然这些费用具有管理费用的性质，但由于车间是企业从事生产活动的单位，它的管理费用与制造费用很难严格划分，为了简化核算工作，也作为制造费用核算。这些费用包括车间管理人员工资及福利费，车间管理用房屋和设备的折旧费、租赁费和保险费，车间管理用具摊销，车间管理用的照明费、水费、取暖费、差旅费和办公费等。如果企业的组织机构分为车间、分厂和总厂等若干层次，则分厂也与车间相似，也是企业的生产单位，因而分厂用于组织和管理生产的费用，也作为制造费用核算。

（二）制造费用的意义

正确归集和分配制造费用，对于产品成本计算及成本管理和控制具有非常重要的意义。

① 制造费用核算的正确性是产品成本计算正确性的前提条件。

② 归集和分配制造费用，有助于对企业和车间制造费用的管理和产品制造成本的控制。

二、制造费用的内容

制造费用的具体内容如下。

1. 工资

工资是指基本生产车间（或单独设置“制造费用”账户的辅助生产车间）除生产工人以外的所有人员的工资，如车间管理人员、车间辅助工人、修理工人、搬运工人、工程技术人员及勤杂人员等的工资。

2. 提取的福利费

提取的福利费是指按上述工资额的一定比例提取的职工福利费。

3. 机物料消耗

机物料消耗是指生产车间为维护生产设备等消耗的各种材料，但不包括修理用和劳动保护用材料。

4. 折旧费

折旧费是指生产车间的各项固定资产按照规定计算提取的折旧费。由于基本生产车间直接生产产品的机器设备折旧费按其性质属直接费用，所以在这部分折旧费用相对较高时，可在基本生产成本账户中增设“折旧费”成本项目并予以直接记入。在一般情况下，该折旧费相对不高，故将其视同间接费用连同车间房屋等折旧费一并在制造费用中列支。

5. 修理费

修理费是指生产车间所使用的固定资产发生的修理费，包括大修理和中小修理费用。生产车间使用的低值易耗品的修理费也包括在内。

6. 办公费

办公费是指生产车间的文具、办公用品、印刷、报刊、邮电等办公费用。

7. 水电费

水电费是指生产车间由于消耗水电而支付或应负担的费用，如照明、取暖用电，一般用水等费用。为产品所耗用，单设成本项目的水电费，直接记入“生产成本”账户及其明细账户的专设成本项目，不包括在本项目内。数额较低，未设专门成本项目的动力费用，视同间接费用在制造费用中列支。

8. 劳动保护费

劳动保护费是指生产车间为保护劳动者身体的安全健康发生的各项支出，如安全装置、卫生设备、通风设备、工作服等支出。作为固定资产核算的安全设施支出，应在“固定资产”账户核算，不在本项目内。

9. 租赁费(不包括融资租赁费)

租赁费是指生产车间为弥补生产设备或场地不足而经营租入的设备、场地的租金。

10. 试验检验费

试验检验费是指生产车间为保证产品的工艺或质量要求进行各种试验及产品检验发生的费用支出。

11. 低值易耗品摊销

低值易耗品摊销是指生产车间为进行产品生产而领用的工具、模具等不列入固定资产的低值易耗品的价值摊销。

12. 季节性及修理期间的停工损失

季节性及修理期间的停工损失是指从事季节性产品生产的车间在非生产性季节的停工损失，以及机器设备修理期间的停工损失。

制造费用的明细项目可根据企业的具体情况而定，如有较多外加工业务的企业，可设“外部加工费”项目；北方企业冬季取暖费用较大，可增设“取暖费”项目，等等。

三、制造费用的归集

（一）账户设置

制造费用的归集和分配应该通过“制造费用”总账账户进行。该账户应按不同的车间、部门设立明细账，账内再按照费用项目设立专栏，分别反映各车间、部门制造费用的发生情况。

“制造费用”账户是集合分配账户，借方反映制造费用的实际发生数；贷方反映制造费用的分配数；除按年度计划分配率法分配制造费用的企业外，“制造费用”账户月末应无余额。在归集制造费用时，应根据费用发生的有关凭证和各种费用分配表，如各种要素费用分配表，借记“制造费用”账户，贷记“原材料”、“应付职工薪酬”、“累计折旧”等账户。

（二）制造费用的归集实例

通过以上所述，进一步明确了生产车间发生的生产费用，有的应该借记“基本生产成本”或“辅助生产成本”账户，有的则应借记“制造费用”账户。基本生产车间发生的费用中，专设成本项目的费用(如直接用于产品生产的原材料费用)，应借记“基本生产成本”总账账户，并记入所属有关产品成本明细账的这一成本项目(如“直接材料”成本项目)；不是专设成本项目，而是制造费用中的某项费用(如间接用于产品生产的机物料费用)，应借记“制造费用”总账账户，并记入有关车间、部门的制造费用明细账相应的费用项目(如“机物料消耗”费用项目)。辅助生产车间发生的费用，如果辅助生产的制造费用是通过“制造费用”账户核算的，应比照基本生产车间发生的费用核算；如果辅助生产的制造费用不通过“制造费用”账户核算，则应全部借记“辅助生产成本”总账账户，并记入有关辅助生产成本明细账中相应的项目。

例 5-1 佳木斯市大宇服装公司基本生产车间生产校服、手套、工作服 3 种产品，共计生产工时 25 000 小时。其中，校服 5 000 小时，手套 10 000 小时，工作服 10 000 小时。

2013 年 5 月基本生产车间发生各种间接费用如下。

① 以银行存款支付劳动保护费 2 400 元。

② 分配车间管理人员工资 3 000 元。

③ 按车间管理人员工资的 14% 提取福利费。

④ 车间消耗布料 2 000 元。

⑤ 车间机器设备折旧费 1 800 元。

⑥ 以现金支付车间办公费 800 元。

⑦ 本月摊销保险费 600 元。

⑧ 辅助生产成本（水电费）转入 1 400 元。

⑨ 以银行存款支付车间办公费 1 880 元。

根据上述资料编制制造费用发生和分配的会计分录（“基本生产成本”明细账）。

根据以上业务，编制会计分录如下。

① 借：制造费用　　2 400
　　贷：银行存款　　2 400

② 借：制造费用　　3 000
　　贷：应付职工薪酬——工资　　3 000

③ 借：制造费用　　420
　　贷：应付职工薪酬——福利费　　420

④ 借：制造费用　　2 000
　　贷：原材料　　2 000

⑤ 借：制造费用　　1 800
　　贷：累计折旧　　1 800

⑥ 借：制造费用　　800
　　贷：库存现金　　800

⑦ 借：制造费用　　600
　　贷：长期待摊费用　　600

⑧ 借：制造费用　　1 400
　　贷：辅助生产成本　　1 400

⑨ 借：制造费用　　1 880
　　贷：银行存款　　1 880

根据以上资料登记制造费用明细账，如表 5-1 所示。

表 5-1　制造费用明细账

车间：基本生产车间　　2013 年 05 月　　元

2013 年		凭证号数	摘　要	费用项目								合　计
月	日			劳动保护费	工资及福利费	机物料消耗	折旧费	租赁费	水电费	办公费	其　他	
5	（略）	（略）	支付劳动保护费	2 400								2 400

（续表）

2013年		凭证号数	摘要	费用项目								合计
月	日			劳动保护费	工资及福利费	机物料消耗	折旧费	租赁费	水电费	办公费	其他	
			分配工资		3 000							3 000
			分配福利费		420							420
			分配材料费			2 000						2 000
			分配折旧费				1 800					1 800
			支付租赁费					800				800
			分摊保险费								600	600
			辅助生产分配转入						1 400			1 400
			支付办公费							1 880		1 880
			本月合计	2 400	3 420	2 000	1 800	800	1 400	1 880	600	14 300
			分配制造费用	2 400	3 420	2 000	1 800	800	1 400	1 880	600	14 300

任务二　制造费用的分配

任务目标

通过本任务的学习，你应该能够：

1. 掌握制造费用的分配方法。
2. 了解分配方法的适用范围。

知识要点

制造费用的分配

- 制造费用分配的程序
- 制造费用分配的方法
  - 生产工人工资比例法
  - 生产工人工时比例法
  - 机器工时比例法
  - 年度计划分配率法

业务认知

在前一项任务中，大家知道了如何归集制造费用，但作为一名合格的成本核算人员，将各项费用归集后，还应该采用适当的分配标准进行分配。那么，成本会计中分配制造费用的方法有哪些？究竟选用哪一种方法进行分配呢？

一、制造费用分配的程序

辅助生产的制造费用通过“制造费用”账户核算的企业，应该先分配辅助生产的制造费用，将其计入辅助生产成本，然后分配辅助生产费用，将基本生产车间发生的间接费用记入“制造费用——基本生产车间”账户，最后再采用一定的方法分配基本生产车间的制造费用。

由于各车间的制造费用水平不同，制造费用的分配应该按照车间分别进行，而不应将各车间的制造费用汇总起来，在整个企业范围内统一分配。

制造费用归集汇总后，应于月末将其分配给各受益对象。对于只生产一种产品或提供一种劳务的车间，制造费用是直接费用，应直接计入这种产品的成本而不需要分配。单独设账进行核算的目的是为了加强管理和考核。对于应由某种产品单独负担的费用，如外部加工费、专用工具摊销费等，应直接转入有关产品成本。一般而言，对于生产多种产品或提供多种劳务的车间，制造费用是间接费用，应采用适当的分配方法分配计入各种产品或劳务的成本。

在企业的组织机构分为车间、分厂、总厂这些层次的情况下，分厂发生的制造费用，也应比照车间发生的制造费用进行分配：在生产一种产品的情况下，直接计入该分厂该产品的成本；在生产多种产品的情况下，采用适当的分配方法分配计入该分厂各种产品的成本。

制造费用的绝大部分是在生产单位（车间或分厂）中发生的，应如上所述按照不同的车间或分厂进行归集和分配；也可能有一部分是在企业的行政管理部门（厂部或总厂）中发生的，如设计制图费和试验检验费等，这一部分制造费用应由厂部或总厂进行归集，并在全厂或整个总厂的各种产品之间进行分配，计入各产品的成本。

二、制造费用分配的方法

制造费用的分配是否准确、合理，关键在于选择适当的分配标准。分配制造费用的方法很多，通常采用的有：生产工人工时比例法、生产工人工资比例法、机器工时比例法和按年度计划分配率法等。分配方法一经确定，不应任意变更。

（一）生产工人工时比例法

生产工人工时比例法是按照各种产品所耗生产工人实际工时数的比例分配制造费用的方法。其计算公式如下。

制造费用分配率＝制造费用实际发生额÷各种产品生产工时总数

某种产品应负担的制造费用＝该产品生产工时×制造费用分配率

例 5-2 佳木斯市大宇服装公司基本生产车间生产校服、手套、工作服 3 种产品。2013 年 5 月该车间共发生制造费用 26 400 元，校服、手套、工作服 3 种产品所耗用的生产工时分别为 3 400 小时、2 700 小时、1 900 小时。该厂按生产工人工时比例法分配制造费用。

具体计算如下。

制造费用分配率＝26 400÷(3 400＋2 700＋1 900)＝3.3(元/小时)

校服负担的制造费用＝3 400×3.3＝11 220(元)

手套负担的制造费用＝2 700×3.3＝8 910(元)

工作服负担的制造费用＝1 900×3.3＝6 270(元)

根据上述计算结果编制制造费用分配表，如表5-2所示。

表5-2 制造费用分配表(生产工人工时比例法)

车间：基本生产车间　　2013年05月　　元

应借账户	生产工时	分配率/(元/小时)	分配金额
基本生产成本——校服	3 400	3.3	11 220
基本生产成本——手套	2 700		8 910
基本生产成本——工作服	1 900		6 270
合　计	8 000		26 400

根据制造费用分配表，编制会计分录如下。

借：基本生产成本——校服　　11 220

——手套　　8 910

——工作服　　6 270

贷：制造费用　　26 400

按照生产工时比例分配制造费用，同分配工资费用一样，能反映劳动生产率的升降对产品应负担的费用水平的影响。劳动生产率高，生产工时数就少，那么相应产品负担的费用就低。这种方法在实际工作中的应用较为普遍。由于生产工时是分配制造费用的常用分配标准之一，所以在企业日常工作中必须做好生产工时的记录和核算工作。这不仅是计算产品成本的一项重要的基础工作，而且对于分析和考核劳动生产率水平，加强生产管理和劳动管理也有着重要的意义。

如果企业的定额管理水平比较高，产品的工时定额比较准确，那么制造费用也可以以产品的定额工时为标准进行分配。

应当指出的是，在车间内各产品生产过程的机械化程度相差不大时，运用生产工时比例法分配制造费用还是比较合理的，因为这种情况下制造费用的发生额大部分与工人工作时间有一定的比例关系。但是，如果各种产品生产过程的机械化程度相差悬殊，那么制造费用中的机器设备折旧及维护使用费将大部分由机械化程度低、耗用生产工时多的产品负担，就造成了产品负担费用的不准确，这时应采用其他方法，如机器工时比例法进行分配。

(二) 生产工人工资比例法

生产工人工资比例法是按照计入各种产品成本的生产工人实际工资的比例分配制造费用的方法。其计算公式如下。

制造费用分配率＝制造费用实际发生额÷各种产品生产工人工资总额

某种产品应负担的制造费用＝该产品生产工人工资×制造费用分配率

例 5-3　长安工厂基本生产车间生产甲、乙两种产品。2013年5月该车间共发生

制造费用 30 000 元,甲、乙两种产品的生产工人工资分别为 14 000 元、6 000 元。该厂按生产工人工资比例法分配制造费用。

具体计算如下。

制造费用分配率＝30 000÷(14 000＋6 000)＝1.5

甲产品负担的制造费用＝14 000×1.5＝21 000(元)

乙产品负担的制造费用＝6 000×1.5＝9 000(元)

根据上述计算结果编制制造费用分配表,如表 5-3 所示。

表 5-3　制造费用分配表(生产工人工资比例法)

车间:基本生产车间　　　　2013 年 05 月　　　　元

应借账户	生产工人工资	分配率/(元/小时)	分配金额
基本生产成本——甲产品	14 000	1.5	21 000
基本生产成本——乙产品	6 000		9 000
合　计	20 000		30 000

根据制造费用分配表,编制会计分录如下。

借:基本生产成本——甲产品　　21 000

　　　　　　　——乙产品　　9 000

　贷:制造费用　　30 000

采用这种方法时,由于生产工人工资数可以从工资费用分配表上直接取得,因而核算工作很简便。这种方法适合于各种产品生产的机械化程度相差不多的生产单位,如果各种产品机械化程度不一致,机械化程度较高的产品,由于工资费用少,分配的制造费用也较少,采用这种方法就会影响费用分配的合理性和产品成本计算的正确性。这是因为制造费用中包含着许多与机器设备使用有关的费用,如机器设备的折旧费、修理费、保险费等,产品生产的机械化程度高,就应当多负担这部分费用。

如果生产工人的工资费用是按照生产工时比例分配计入各种产品成本的,那么制造费用按生产工人工资比例进行分配,实际上也就是按生产工时比例进行分配。

(三) 机器工时比例法

机器工时比例法是按照各种产品在生产时所用机器设备运转时间的的比例分配制造费用的方法。其计算公式如下。

制造费用分配率＝制造费用实际发生额÷各种产品机器运转时间总数

某种产品应负担的制造费用＝该产品机器运转时数×制造费用分配率

例 5-4　安庆工厂基本生产车间生产甲、乙、丙 3 种产品。2013 年 5 月该车间共发生制造费用 26 400 元,甲、乙、丙 3 种产品生产设备所耗用的机器工时分别为 2 100 小时、2 400小时、3 000 小时。该厂按机器工时比例法分配制造费用。

具体计算如下。

制造费用分配率＝26 400÷(2 100＋2 400＋3 000)＝3.52(元/小时)

甲产品负担的制造费用＝2 100×3.52＝7 392(元)

乙产品负担的制造费用＝2 400×3.52＝8 448(元)

丙产品负担的制造费用＝3 000×3.52＝10 560(元)

根据上述计算结果编制制造费用分配表，如表5-4所示。

表5-4 制造费用分配表(机器工时比例法)

车间：基本生产车间　　2013年05月　　元

应借账户	机器工时	分配率/(元/小时)	分配金额
基本生产成本——甲产品	2 100	3.52	7 392
基本生产成本——乙产品	2 400		8 448
基本生产成本——丙产品	3 000		10 560
合　计	7 500		26 400

根据制造费用分配表，编制会计分录如下。

借：基本生产成本——甲产品　　7 392

　　　　　　　　——乙产品　　8 448

　　　　　　　　——丙产品　　10 560

　贷：制造费用　　26 400

这种方法适用于产品生产机械化程度较高的车间，因为制造费用中许多与机器设备使用有关的费用，是同机器设备运转时间有直接关系的，产品生产的机械化程度高，这部分费用占制造费用的比重就大，制造费用与机器设备运转时间的关系也就越密切。

由于制造费用的费用项目较多，为了使成本计算更加准确，费用分配更加合理，可以将制造费用中与机器设备使用有关的费用，如折旧费、修理费等归为一类，按机器工时比例进行分配，再将因管理、组织生产而发生的费用，如办公费、水电费等归为一类，按生产工时比例进行分配，但这样将使核算的工作量增加。

（四）年度计划分配率法

年度计划分配率法，又称预定分配率法。这种方法是按照年度开始前确定的年度计划分配率分配制造费用的方法。其计算公式如下。

制造费用年度计划分配率＝年度制造费用计划总额÷各种产品计划产量的定额工时总数

某种产品应负担的制造费用＝该月该产品实际产量的定额工时数×制造费用年度计划分配率

这一分配方法以定额工时为分配标准，也可以用定额人工费用、定额机器台时为分配标准。

例5-5　锦江工厂某生产车间2013年全年度制造费用计划数为44 000元。该车

间生产甲、乙两种产品，全年计划产量为：甲产品 2 000 件，乙产品 3 000 件。单位产品的工时定额为：甲产品 5 小时，乙产品 4 小时。3 月份该车间实际产量为：甲产品 200 件，乙产品 240 件。该月实际发生制造费用为 3 600 元。

按年度计划分配率法计算如下。

甲产品年度计划产量的定额工时＝2 000×5＝10 000(小时)

乙产品年度计划产量的定额工时＝3 000×4＝12 000(小时)

制造费用年度计划分配率＝44 000÷(10 000＋12 000)＝2(元/小时)

3 月份：甲产品实际产量的定额工时＝200×5＝1 000(小时)

乙产品实际产量的定额工时＝240×4＝960(小时)

甲产品应负担的制造费用＝1 000×2＝2 000(元)

乙产品应负担的制造费用＝960×2＝1 920(元)

月末编制制造费用分配表，如表 5-5 所示。

表 5-5　制造费用分配表(年度计划分配率法)

车间：基本生产车间　　2013 年 03 月　　元

产品名称	实际产量定额工时	计划分配率/(元/小时)	分配金额
甲产品	1 000	2	2 000
乙产品	960		1 920
合　计	1 960		3 920

根据制造费用分配表编制会计分录如下。

借：基本生产成本——甲产品　　2 000

——乙产品　　1 920

贷：制造费用　　3 920

3 月份该车间实际发生的制造费用为 3 600 元，按年度计划分配率分配转出的制造费用为 3 920 元，两者间的差异在年度内不做调整，这就使“制造费用”账户可能有月末余额，而且既可能有借方余额，又可能有贷方余额。在年终时将全年制造费用的实际发生额与计划分配额的差额按已分配数的比例调整，计入 12 月份各种产品的成本，借记“基本生产成本”账户，贷记“制造费用”账户。如果年度实际发生额大于计划分配额用蓝字补加，反之用红字冲减。

假定该车间到年终，制造费用的全年实际发生额为 45 000 元，计划累计分配数为 42 000 元。其中，甲产品已分配 25 200 元，乙产品已分配 16 800 元。由于实际发生的制造费用大于计划累计分配额，所以应该将其差额 3 000(45 000－42 000)元补加计入各种产品成本。

甲产品应补加：3 000×(25 200÷42 000)＝1 800(元)

乙产品应补加：3 000×(16 800÷42 000)＝1 200(元)

借：基本生产成本——甲产品　　1 800

——乙产品　　1 200

贷：制造费用　　3 000

经过年末调整，制造费用账户年末无余额。

例 5-6 某厂某季节性生产车间全年制造费用计划为 72 000 元，全年计划生产的甲、乙两种产品的定额总工时为 60 000 工时。该车间 2013 年 6 月份生产甲产品实耗工时 3 500小时，乙产品为 1 800 小时。

按年度计划分配率法计算如下。

制造费用年度计划分配率＝72 000÷60 000＝1.2（元/小时）

甲产品应负担的制造费用＝3 500×1.2＝4 200（元）

乙产品应负担的制造费用＝1 800×1.2＝2 160（元）

月末编制制造费用分配表，如表 5-6 所示。

表 5-6　制造费用分配表（年度计划分配率法）

车间：基本生产车间　　2013 年 06 月　　元

产品名称	实际产量定额工时	计划分配率/（元/小时）	分配金额
甲产品	3 500		4 200
乙产品	1 800	1.2	2 160
合　计	5 300		6 360

借：基本生产成本——甲产品　　4 200

　　　　　　　　——乙产品　　2 160

　贷：制造费用　　6 360

采用这种分配方法，可以大大简化制造费用的日常分配核算工作，比较适合于季节性生产的企业，有利于均衡产品成本水平。但采用该方法的企业，必须有较高的计划管理水平，否则年度制造费用的计划数与实际发生数脱离太大，会影响成本计算的正确性。

模块小结

1. 重点：熟练掌握各种制造费用的分配方法及适用范围。
2. 难点：选择适合本企业分配制造费用的方法并编制制造费用分配表。

思考与实践

1. 到工业企业财务科去实习，了解该企业哪些费用归属于制造费用，采用何种方法分配制造费用。
2. 通过本模块所学的知识，阐述一下该企业所采用的分配制造费用方法是否合理。
3. 通知实习，分析一下如果企业采用不同的方法分配制造费用，对产品成本的计算有什么影响。

关键练习

一、名词解释

制造费用　生产工人工时比例法　生产工人工资比例法　机器工时比例法　年度计划分配率法

二、简答题

1. 制造费用的具体内容有哪些？

2. 简要说明生产工人工时比例法适用于哪种情况。

3. 简要说明生产工人工资比例法适用于哪种情况。

4. 简要说明机器工时比例法适用于哪种情况。

5. 简要说明年度计划分配率法适用于哪种情况。

三、计算分析题

1. 练习制造费用归集和分配的核算。

资料：某基本生产车间生产 A、B、C 3 种产品，共计生产工时 2 000 小时。其中，A 产品 600 小时，B 产品 900 小时，C 产品 500 小时。2013 年 5 月发生各种间接费用如下。

① 分配车间管理人员工资 4 000 元。

② 按车间管理人员工资的 14% 提取福利费。

③ 累计本月车间一般消耗材料 3 000 元。

④ 计提车间机器设备折旧费 1 600 元。

⑤ 辅助生产成本(水电费)转入 1 200 元。

⑥ 转账支付本月车间办公费 1 940 元。

要求：

① 编制制造费用发生、归集的会计分录。

② 按生产工时比例法计算制造费用分配率。

③ 编制制造费用分配的会计分录。

④ 登记制造费用明细账，如表 5-7 所示。

表 5-7　制造费用明细账

车间：基本生产车间　　　　2013 年　月　　　　元

2013 年		凭证号数	摘　要	费 用 项 目								合　计
月	日											

2. 练习制造费用按年度计划分配率分配法的核算。

资料：某工业企业制造费用采用按年度计划分配率法进行分配，年度制造费用的计划总额为 55 296 元。有关资料如表 5-8 所示。

表 5-8 制造费用资料

产品名称	全年计划产量/件	单位产品工时定额/小时	本月实际产量/件
甲产品	960	6.4	88
乙产品	768	4.0	80

要求：

① 计算制造费用年度计划分配率。

② 本月甲、乙产品各应分配的制造费用。

③ 本月应分配转出的制造费用。

3. 练习制造费用按年度计划分配率分配法。

资料：某企业基本生产车间的有关资料如表 5-9 所示。

表 5-9 生产费用资料

产品名称	年度预算产量/件	单位产品定额工时/小时	1 月份实际产量/件
甲产品	3 000	5	400
乙产品	2 000	8	100

该年度制造费用预算为 62 000 元，1 月份实际制造费用为 5 400 元，本年度实际费用为 60 000 元。

要求：

① 根据上述资料，采用年度计划分配率法分配计算 1 月份甲、乙两种产品负担的制造费用。

② 假定年终已分配制造费用 60 500 元(其中，甲产品承担 43 000 元，乙产品承担 17 500 元)，那么本年度的差异额中甲、乙两种产品各应负担多少？做出差异额处理的会计分录。

4. 练习制造费用按生产工人工时比例法和机器工时比例分配法的核算。

资料：某企业基本生产车间生产 A、B、C 3 种产品。2013 年 5 月，该车间共发生制造费用 36 000 元，A、B、C 3 种产品所用生产工人实际工时和机器工时如表 5-10 所示。

表 5-10 生产工人工时和机器工时

产品品种	生产工人工时/小时	机器工时/小时
A 产品	2 400	2 000
B 产品	3 600	3 200
C 产品	3 000	2 800
合 计	9 000	8 000

要求：

① 分别采用生产工人工时比例法和机器工时比例法分配制造费用并填列制造费用分配表（见表5-11、表5-12）。

② 根据生产工人工时比例法的分配结果编制相应的会计分录。

表5-11 制造费用分配表（生产工人工时比例法）

车间：基本生产车间　　2013年05月　　元

应借账户	生产工时/小时	分配率/(元/小时)	分配金额
合　计			

表5-12 制造费用分配表（机器工时比例法）

车间：基本生产车间　　2013年05月　　元

应借账户	机器工时/小时	分配率/(元/小时)	分配金额
合　计			

5. 练习制造费用归集和分配的核算。

资料：某工业企业只有一个生产车间，全年制造费用计划为88 704元。全年的计划产量为：甲产品1 200件，乙产品960件，丙产品400件。单件产品的工时定额为：甲产品8小时，乙产品5小时，丙产品6小时。11月份的实际产量为：甲产品100件，乙产品90件，丙产品50件。该月实际制造费用为8 100元。该月“制造费用”账户月初有借方余额80元。

要求：

① 计算制造费用的年度计划分配率。

② 计算、结转11月份应分配转出的制造费用，并确定11月份制造费用的月末余额。

③ 如果12月份的实际产量为甲产品90件、乙产品100件、丙产品60件，该月实际制造费用为8 388元，请计算、结转12月份应分配转出的制造费用并做出相应的调整分录（甲、乙、丙3种产品分别按50%、30%、20%的比例调整）。

6. 练习制造费用归集和分配的核算。

资料：某企业本月发生有关费用如下。

车间生产产品领用材料100 000元，车间一般耗用材料20 000元，车间生产工人工资及福利费40 000元，车间管理人员工资及福利费10 000元，车间办公费用、水电费等共计15 000元，车间固定资产折旧5 000元。本月生产A、B两种产品，生产工人工资分别为30 000元和20 000元。

要求：

① 计算本月制造费用总额。

② 采用生产工人工资比例法分配本月制造费用。

③ 编制分配制造费用的会计分录。

7. 练习制造费用归集和分配的核算。

资料：某工厂一车间本月生产甲、乙两种产品，二车间本月只生产丙产品。甲、乙、丙 3 种产品的实际生产工时分别为：甲产品 14 000 小时，乙产品 16 000 小时，丙产品 20 000 小时。2013 年 5 月份发生的相关费用资料为：①职工工资，一车间工人工资10 000 元，管理人员工资 6 000 元；二车间工人工资 15 000 元，管理人员工资 5 000 元；行政管理人员工资 5 000元。②职工福利费，按工资总额的 14% 计提福利费。③材料费用，一车间生产领用材料 34 000 元，二车间生产领用材料 58 000 元。④一般机物料耗用，一车间耗用 34 000 元，二车间耗用 24 500 元。⑤办公费与水电费，一车间 5 510 元，二车间 3 990 元，行政管理部门 830 元。⑥固定资产折旧费，一车间 4 600 元，二车间 3 200 元，行政管理部门 3 800 元。⑦其他费用，一车间低值易耗品摊销费 2 930 元，二车间低值易耗品摊销费 2 400 元，行政管理部门业务招待费 2 200 元。

要求：

① 根据以上资料分别计算本月该工厂各车间制造费用总额。

② 各车间按生产工时比例法分配本月制造费用并编制会计分录。

③ 分别按车间登记本月制造费用明细账，如表 5-13、表 5-14 所示。

表 5-13　制造费用明细账

车间：基本生产车间一车间　　　　2013 年　月　　　　元

2013 年		凭证号数	摘　要	费用项目								合　计
月	日											

表 5-14　制造费用明细账

车间：基本生产车间二车间　　　　2013 年　月　　　　元

2013 年		凭证号数	摘　要	费用项目								合　计
月	日											

模块六

废品损失和停工损失的归集和分配

模块导入

成本会计主管:张兴

嗨,大家好！我是成本会计主管张兴,下面由我来讲解损失性费用的归集和分配的核算。正确组织损失性费用的核算,对于企业加强管理、改进生产技术、提高产品质量、降低产品成本,都有着重要意义。

在本模块中,我会让大家了解废品损失和停工损失的含义,核算的账户设置及归集、分配的方法。对于废品损失,侧重说明可修复废品修复费用和不可修复废品生产成本的不同归集方法;对于停工损失,侧重说明不同原因停工所发生费用的不同处理方法。

任务一　废品损失的归集和分配

任务目标

通过本任务的学习,你应该能够:

1. 了解废品和废品损失的含义。
2. 掌握“废品损失”账户的设置。
3. 掌握可修复废品修复费用的计算方法。
4. 掌握不可修复废品生产成本的计算方法。

知识要点

废品损失的归集和分配
- 废品损失的含义
- 废品损失的核算方法

业务认知

损失性费用是指企业由于生产组织不合理、经营和管理不善、生产工人未执行技术操作规程等种种原因造成的人力、物力、财力上的损失,主要包括废品损失、停工损失及在产品盘亏和毁损等。本任务主要讨论废品损失和停工损失。

一、废品损失的含义

（一）废品

废品是指质量不符合规定的技术标准，不能按原定用途使用，或者需经加工修理以后才能使用的产成品、半成品或在产品等。不论是在生产过程中发现的，还是在入库后发现的废品，均在废品之列。

废品按修复的可能性和经济性分为可修复废品和不可修复废品。可修复废品是指在技术上可以修复并且耗费的修复费用在经济上合算的废品；不可修复废品是指在技术上无法修复，或者虽能修复但耗费的修复费用大于重新制造同一产品的支出，在经济上不合算的废品。

废品按其生产原因，分为工废品和料废品。工废品是指由于生产工人操作上的原因造成的废品，工废品的产生属于操作工人的过失，应由操作工人承担责任；料废品是指由于被加工的原材料、半成品和零部件质量不符合要求而造成的废品，料废品的产生不应由生产工人承担责任。

（二）废品损失

废品损失是指企业因产生废品而造成的损失，包括可修复废品的修复费用及不可修复废品的生产成本扣除回收废料残值和过失人赔偿款以后的损失。

企业在生产经营过程中发生的废品损失，在扣除残料价值和过失人赔偿后，其余均应计入合格品成本。但若产品入库时确系合格品，入库后由于保管不善，运输不当等原因而造成的变质、损坏而发生的损失，是属于管理上的问题，应作为管理费用处理，不作为废品损失；质量虽不符合规定标准，但不需要返修而可降价出售的不合格产品，其降价损失在计算销售损益时体现，也不列入废品损失；企业因实行包退包修包换而发生的“三包”损失，应计入销售费用，也不包括在废品损失内。

（三）正确核算废品损失的意义

费品的产生，不仅会减少产量，影响生产计划的完成，而且会降低产品质量，提高产品成本。如果废品出了厂，更会影响其他企业的生产和人民的生活。因此，必须在提高职工群众认识的基础上，建立和健全生产责任制度，严格执行技术操作规程，把好产品质量检验关，并且做好废品损失的核算工作，正确反映和监督废品损失的发生情况，以便分析原因，采取措施，努力减少和消灭废品。

废品的产生，无论是对产品成本的降低，还是对企业的信誉都会带来不良的影响。因此，企业必须加强废品的管理，努力提高产品质量，最大限度地降低废品损失。正确组织废品损失的核算，对于改进生产技术、提高产品质量、降低产品成本，都有着重要意义。

小知识

第一位会计学博士后

王光远，1962 年出生于河北邯郸，1983 年以优异成绩毕业于河北地质学院(现石家庄经济学院)，1987 年和 1993 年在中南财经大学分别获经济学硕士和博士学位，1993 年 8 月被录取为我国首批文科博士后研究学者，并成为我国第一位会计学博士后。王光远现任厦门大学教授、博士研究生导师、会计系主任，福州大学、河南财经学院、集美大学、石家庄经济学院等高校客座教授及中国中青年财务成本研究会副会长等职。

二、废品损失的核算方法

废品损失的核算有两种方式：单独核算废品损失和不单独核算废品损失。单独核算废品损失适用于产品生产中易发生废品，管理上需单独考核废品损失及有关费用项目指标的企业，反之，则需采用不单独核算废品损失的方法。

在不单独核算废品损失的企业，可修复废品的损失在发生修复费用时，应直接计入有关的成本项目。不可修复废品只扣除产量，不结转成本；废品的残料价值可直接冲减该产品成本明细账的“直接材料”成本项目，不可修复废品的损失体现在由于合格品的减少而引起的单位成本的升高中。

由于在不单独核算废品损失情况下核算较为简便，本任务仅讨论在单独核算废品损失时设置“废品损失”总账科目下的账务处理方法。

（一）计算废品损失的原始凭证

计算废品损失的原始凭证主要是废品通知单。废品通知单由企业质量检验部门在发现废品时填制；也可以由产生废品的生产单位(分厂、车间或班组)填制。废品通知单应当列明废品的种类和数量、产生废品的原因和过失人责任及废品生产工时，修复费用和生产成本等。该单一般一式三联：一联由生产单位留存，一联交质量检验部门，一联交财会部门核算废品损失。企业财会部门和质量检验部门应当对废品通知单所列各项目进行审核，只有经过审核无误的废品通知单，才能作为核算废品损失的原始凭证。

（二）账户的设置

在单独核算废品损失的企业中，可以单独设置“废品损失”总账，也可在“基本生产成本”总账下设“废品损失”二级账，再在此二级账下按车间分产品分设明细账，明细账内按成本项目设专栏进行核算。“废品损失”账户借方归集可修复废品的修复费用和不可修复废品的实际生产成本及搬运废品的运杂费等其他费用，贷方登记废品残料回收的价值和应收过失人的赔偿款。期末将记入当期产品成本的废品净损失自“废品损失”账户的贷方转到“基本生产成本”账户借方后，账户一般无余额。

（三）核算方法

1. 不可修复废品损失的核算

不可修复废品的损失是指截至报废时所发生的不可修复废品的生产成本，扣除废品残料和应收赔偿款后的损失。不可修复废品的生产成本也包括材料费用、人工费用和制造费用，这些费用与同种合格产品成本是同时发生的，已记入该种产品的生产成本明细账。因此，不可修复废品的生产成本，需要采用适当的方法，将全部生产成本在合格品与废品之间进行分配，计算出废品的实际成本，从“基本生产成本”账户的贷方转入“废品损失”账户的借方。

不可修复废品有的是在生产过程中发现的，有的是在完工验收入库时发现的，生产成本在合格产品与废品之间的分配较为复杂。在实际工作中，不可修复废品的生产成本，可以按废品所耗实际费用计算，也可以按废品所耗定额费用计算。

① 按废品实际生产成本计算。

例 6-1　某企业某生产车间本月完工甲产品 500 件，经检验发现其中 30 件为不可修复废品（均是在加工完成验收入库时发现的）。合格品和废品共同发生的生产费用为：直接材料 10 000 元，直接人工 3 200 元，制造费用 5 400 元，合计 18 600 元。耗用的生产工时为：合格品 1 940 小时，废品 60 小时，合计 2 000 小时。废品的残值为 150 元，过失人赔偿 90 元，原材料系生产开始时一次投入。根据以上资料，进行相关计算如下。

由于原材料是在生产开始时一次投入，因此直接材料费用应按合格品数量 470（500－30）件和废品数量 30 件的比例进行分配，直接人工费用和制造费用则按生产工时比例法分配。

直接材料费用分配率＝10 000÷500＝20（元/件）

合格品应负担的直接材料费用＝20×470＝9 400（元）

废品应负担的直接材料费用＝20×30＝600（元）

直接工人费用分配率＝3 200÷2 000＝1.6（元/小时）

合格品应负担的直接人工费用＝1.6×1 940＝3 104（元）

废品应负担的直接人工费用＝1.6×60＝96（元）

制造费用分配率＝5 400÷2 000＝2.7（元/小时）

合格品应负担的制造费用＝2.7×1 940＝5 238（元）

废品应负担的制造费用＝2.7×60＝162（元）

废品的生产成本合计＝600＋96＋162＝858（元）

根据上述计算结果编制废品损失计算表，如表 6-1 所示。

表 6-1　废品损失计算表

产品：甲产品

车间：××车间　　　　××年××月　　　　元

项　目	数量/件	直接材料	生产工时/小时	直接人工	制造费用	合　计
合格品和废品生产费用	500	10 000	2 000	3 200	5 400	18 600
费用分配率		20		1.6	2.7	
废品生产成本	30	600	60	96	162	858
减：废品残值		150				150
应收赔偿款				90		90
废品损失		450		6	162	618

根据废品损失计算表及有关凭证，编制会计分录如下。

结转不可修复废品成本。

借：废品损失——甲产品　　858

　　贷：基本生产成本——甲产品　　858

结转废品残料价值。

借：原材料　　150

　　贷：废品损失——甲产品　　150

应收过失人赔偿款。

借：其他应收款　　90

　　贷：废品损失——甲产品　　90

在确定实际的不可修复废品净损失后，将废品净损失结转到合格品成本。

借：基本生产成本——甲产品　　618

　　贷：废品损失——甲产品　　618

例 6-2 某厂加工车间本月共生产乙产品 10 000 件，其中合格品为9 600件，不可修复废品为 400 件。400 件废品中，有 200 件平均加工程度为 50%，有 200 件是在加工完成验收入库时发现的。本月乙产品实际费用为 1 000 000 元，其中直接材料 640 000 元，直接人工 210 000 元，制造费用 150 000 元。乙产品原材料在生产开始时一次投入，400 件废品与合格品同等分配直接材料费用，直接人工费用和制造费用按 400 件废品折合为 300(200×50%＋200)件合格品后，与合格品同等分配费用。本月废品残料价值为 6 000 元，已交原材料仓库验收，按规定应由过失人赔偿 1 200 元。根据上述资料计算废品损失，有关计算过程如表 6-2 所示。

表 6-2　不可修复废品生产成本计算表

产品名称：乙产品

生产单位：加工车间　　　　××年××月　　　　元

项　目	直接材料	直接人工	制造费用	合　计
生产总成本	640 000	210 000	150 000	1 000 000
分配标准量	10 000	9 900	9 900	
费用分配率	64	21.21	15.15	
废品数量(折合后)	400	300	300	
废品生产成本	25 600	6 363	4 545	36 508
减：废品残值	6 000			6 000
应收赔偿款		1 200		1 200
废品损失	19 600	5 163	4 545	29 308

根据上表计算结果，编制会计分录如下。

结转不可修复废品成本。

借：废品损失——乙产品　　36 508

　　贷：基本生产成本——乙产品　　36 508

结转废品残料价值。

借：原材料　　6 000

　　贷：废品损失——乙产品　　6 000

应收过失人赔偿款。

借：其他应收款　　1 200

　　贷：废品损失——乙产品　　1 200

在确定实际的不可修复废品净损失后，将废品净损失结转到合格品成本。

借：基本生产成本——乙产品　　29 308

　　贷：废品损失——乙产品　　29 308

分别登记废品损失明细账和基本生产成本明细账，如表6-3、表6-4所示。

表6-3　废品损失明细账

产品：乙产品

生产单位：加工车间　　元

年		凭证号	摘　要	借　方	贷　方	余　额
月	日					
（略）	（略）	（略）	废品生产成本	36 508		36 508
			回收残料价值		6 000	30 508
			应收赔款		1 200	29 308
			结转废品净损失		29 308	0

表6-4　基本生产成本明细账

产品：乙产品

产量：9 600件

生产单位：加工车间　　元

摘　要	直接材料	直接人工	制造费用	废品损失	合　计
生产总成本	640 000	210 000	150 000		1 000 000
结转废品生产成本	−25 600	−6 363	−4 545		−36 508
转入废品损失				29 308	29 308
合格产品总成本	614 400	203 637	145 455	29 308	992 800
合格产品单位成本	64	21.212	15.152	3.052	103.42

从上表可以看出，在结转废品损失前，乙产品总成本为1 000 000元，由于转出废品生产成本为36 508元，而转入废品损失29 308元，结转废品损失后乙产品总成本为992 800元，这并不意味着由于产生了废品，产品成本反而降低了7 200(1 000 000−992 800)元。因为生产过程中产生废品，减少了合格产品数量，合格产品的单位成本由原来的100(1 000 000÷10 000)元变成了103.42元，合格产品的单位成本因此提高了，所以并没有降低产品单位成本。这里减少的只是乙产品的总成本(回收废品残料6 000元和过失人赔偿1 200元部分)。

② 按废品定额成本计算。

上例中不可修复废品的生产成本是按废品所耗实际费用分配计算的，其计算结果较为准确，但核算工作量较大，且不利于及时控制废品损失。为了简化工作，及时获取废品损失信息，在一些定额管理水平较高，定额资料较准确的企业，可以按废品所耗定额费用来计算不可修复废品的成本。

按废品定额成本计算，是指废品的生产成本直接按废品的数量和各项费用定额计算，而不考虑废品实际发生的生产费用是多少，废品实际成本与定额成本之间的差异全部由合格品负担。

例 6-3　某企业某生产车间在生产乙产品的过程中，产生不可修复废品 40 件，每件废品的费用定额为：直接材料 30 元，直接人工 10 元，制造费用 12 元。废品的残值为 300 元，过失人赔偿 210 元。根据上述资料编制废品损失计算表，如表 6-5所示。

表 6-5　废品损失计算表

产品：乙产品

废品数量：40 件

车间：××车间　　　　××年××月　　　　元

项　目	直接材料	直接人工	制造费用	合　计
单位产品费用定额	30	10	12	52
废品定额成本	1 200	400	480	2 080
减：废品残值	300			300
减：废品应收赔偿款		210		210
废品损失	900	190	480	1 570

根据废品损失计算表及有关凭证，编制会计分录如下。

结转不可修复废品成本。

借：废品损失——乙产品　　　　2 080

　　贷：基本生产成本——乙产品　　　　2 080

结转废品残料价值。

借：原材料　　　　300

　　贷：废品损失——乙产品　　　　300

应收过失人赔偿款。

借：其他应收款　　　　210

　　贷：废品损失——乙产品　　　　210

在确定实际的不可修复废品净损失后，将废品净损失结转到合格品成本。

借：基本生产成本——乙产品　　　　1 570

　　贷：废品损失——乙产品　　　　1 570

例 6-4　某厂加工车间生产的乙产品，本月产生不可修复废品 400 件，原材料已全部投入，已完成的定额工时为 1 500 小时。乙产品单位产品原材料消耗定额为 65 元，每小时的费用定额为：直接人工费用为 4.2 元，制造费用为 3 元，废品回收残料价值为 6 000 元，已交原材料仓库；按规定应由过失人赔偿 1 200 元。根据上述资料计算不可修复废品的生产成本和净损失如下。

乙产品不可修复废品的定额生产成本。

直接材料＝65×400＝26 000(元)

直接人工＝1 500×4.2＝6 300(元)

制造费用＝1 500×3＝4 500(元)

废品生产成本合计＝26 000＋6 300＋4 500＝36 800(元)

乙产品不可修复废品的净损失＝36 800－6 000－1 200＝29 600(元)

有关账务处理略。

2. 可修复废品损失的核算

可修复废品损失是指可修复废品的修复费用，包括材料费用、人工费用和应负担的制造费用等。材料费用一般可以根据有关领料凭证直接确定；人工费用有的可以直接确定，有的需要根据修复废品实际消耗的工时和小时工资率计算确定；应负担的制造费用不能直接确定，一般可以根据修复废品实际消耗的工时和小时费用率计算确定。

可修复废品由于经返修即可成为合格品，因而其返修以前发生的生产费用不属于废品损失，不必单独计算其生产成本，也就无需从“基本生产成本”账户中转出。返修时发生的各项费用应计入“废品损失”账户的借方。其回收的残值及应收赔偿款，应抵减废品损失，即由“废品损失”账户贷方转入“原材料”和“其他应收款”账户的借方。废品净损失(即废品修复费用减去残值和赔偿款的差额)也应从“废品损失”账户贷方转入“基本生产成本”账户的借方，并记入生产成本明细账的废品损失成本项目。

例 6-5 某厂加工车间所产甲产品中，发现可修复废品 10 件，已修复验收入库。根据本月耗用材料汇总表提供的资料，修复甲产品领用材料实际成本为 400 元，根据本月直接人工费用分配表和制造费用分配表提供的资料，修复甲产品实际耗用的工时 200 小时，小时工资费用分配率为 4.56 元，小时制造费用分配率为 2.5 元。按规定，本月发生的 10 件废品应由过失人赔偿 200 元。根据上述资料编制会计分录如下。

返修时发生的费用。

借：废品损失——甲产品	1 812	
贷：原材料		400
应付职工薪酬		912
制造费用		500

应收过失人的赔偿款。

借：其他应收款	200	
贷：废品损失——甲产品		200

结转废品净损失。

借：基本生产成本——甲产品	1 612	
贷：废品损失——甲产品		1 612

上述会计业务在废品损失明细账中的登记，如表6-6所示。

表6-6　废品损失明细账

产品：甲产品

生产单位：加工车间　　　　元

年		凭证号	摘　要	借　方	贷　方	余　额
月	日					
（略）	（略）	（略）	分摊修复费用	1 812		1 812
			应收赔款		200	200
			结转废品净损失		1 612	0

任务二　停工损失的归集和分配

任务目标

通过本任务的学习，你应该能够：

1. 了解停工损失的含义。
2. 掌握“停工损失”账户的设置。
3. 掌握停工损失的核算。

知识要点

停工损失的归集和分配
- 停工损失的含义
- 停工损失账户的设置
- 停工损失的归集

业务认知

一个企业生产过程中由于某种原因会出现停工，给企业造成停工损失。下面介绍停工损失的含义、账户设置及归集方法。

一、停工损失的含义

停工损失是指生产车间或车间内某个班组在停工期间内发生的各项费用，包括停工期间内发生的燃料及动力费、损失的材料费、应支付的生产工人工资、提取的福利费和应负担的制造费用等。为了简化计算，生产单位停工不满一个工作日，一般可以不计算停工损失。季节性生产企业在停工期间内发生的费用，应当采用待摊、预提的方法，由开工期内的生产成本负担，不作为停工损失。

造成生产单位停工的原因是多种多样的。按照停工原因可以分为季节性生产停工、机器设备大修理停工、原材料和半成品供应不及时停工、生产任务下达不及时停工、工具和模具缺乏停工、设计图纸和工艺文件缺乏或错误停工、意外事故停工、自然灾害停工及计划减产停工等；按照造成停工的责任，可以分为外部责任停工和内部责任停工两种。外部责任单位主要有供水、供电部门和原材料、燃料的供应商等；内部责任单位和个人主要有生产单位的管理部门，企业工艺设计部门、质量检验部门、原材料、燃料和动力的供应部门，原材料、半成品和产成品仓库等部门及有关部门负责人、技术人员、操作人员等。

二、"停工损失"账户的设置

为了考核和控制企业停工期间发生的各项费用，核算停工损失，可单独设置"停工损失"总分类账户或者在"生产成本"总分类账户下设置"停工损失"明细账，组织停工损失的核算，并且应当增设"停工损失"成本项目。

如果单独设置"停工损失"总分类账户，应按车间分产品设置明细分类账。"停工损失"账户借方归集因停工而发生的各项费用，贷方登记结转应由过失单位或个人赔偿的款项。月末将"停工损失"账户归集的净损失转出分配到产品成本或计入营业外支出，结转后该账户应无余额。若月末停工尚在继续中，生产停顿又无产成品入库，则停工损失也可不结转，继续归集停工损失，待停工终止后一并结转。

三、停工损失的归集

（一）计算停工损失的原始凭证

计算停工损失的原始凭证主要是停工报告单。生产单位因各种原因发生停工时，值班人员应当及时向生产单位负责人报告，查明原因，采取措施，尽快恢复生产。如果在一定时间内不能恢复生产，生产单位应填写停工报告单，报送厂部有关部门。厂部值班负责人应当及时通知有关部门和单位，采取措施恢复生产。企业外部原因和自然灾害发生的停工，除由生产单位填写停工报告单外，还应编写专门报告并附有关凭证，以便处理停工损失。发生停工后，生产计划调度部门和有关生产单位，应当及时对停工人员分配其他工作，尽量减少停工损失。

企业和生产单位的核算人员，应当对停工报告单所列停工范围、时数及原因和过失单位等内容进行审核，并查明原因，明确责任单位和个人。只有经过审核以后的停工报告单，才能作为停工损失核算的原始依据。

（二）停工损失的计算

在停工损失中，原材料、水电费、生产工人工资及提取的福利费等，一般可以根据有关的原始凭证确认后直接计入；制造费用能够直接确认的应尽量直接计入，不能直接确认的可以按照停工工时数和小时制造费用分配率分配计入。

发生停工损失时会计分录如下。

借：停工损失——××车间

　　贷：原材料

　　　　应付职工薪酬

　　　　制造费用等

例 6-6 某厂第一车间某月由于设备故障停工 5 天，停工期间应支付生产工人工资 4 000 元，应提取的福利费 560 元，应分摊的制造费用 800 元。第二车间由于外部供电线路原因停工 3 天，停工期间损失材料费用 5 000 元，应支付生产工人工资 3 000 元，应提取的福利费 420 元，应分摊制造费用 500 元。根据资料，编制会计分录如下。

借：停工损失——第一车间	5 360	
——第二车间	8 920	
贷：原材料		5 000
应付职工薪酬		7 980
制造费用——第一车间		800
——第二车间		500

三、停工损失的分配

企业“停工损失”账户归集的停工损失，应当根据发生停工的原因进行分配和结转。可以获得赔偿的停工损失，应当积极索赔，并冲减停工损失。由于自然灾害等引起的非正常停工损失，应计入营业外支出；机器设备大修理期间停工损失计入生产单位制造费用；其他原因造成的停工损失，应计入产品成本（停工损失项目）。计入产品成本的停工损失，如果停工的生产单位只生产一种产品，可直接记入该种产品生产成本明细账中单独设置的“停工损失”成本项目；如果停工的生产单位生产多种产品，可以采用分配制造费用的方法在各种产品之间进行分配以后，分别记入该生产单位各种产品生产成本明细账中的“停工损失”成本项目。

结转应由过失单位或保险公司负担的赔偿款，会计分录如下。

借：其他应收款——×××

　　贷：停工损失——××车间

按规定应计入营业外支出的停工损失，会计分录如下。

借：营业外支出

　　贷：停工损失——××车间

应计入产品成本的停工损失，会计分录如下。

借：基本生产成本——××产品

　　贷：停工损失——××车间

通过上述归集和分配，“停工损失”账户月末无余额。

例 6-7 假设在例 6-6 中，第一车间只生产甲产品，停工损失 5 360 元全部计入甲产品成本；第二车间由于外部线路原因造成停工损失 8 920 元，市供电局已同意赔偿 3 600 元，净损失 5 320 元列作营业外支出。有关索赔和分配结转停工损失的会计分录如下。

借：基本生产成本——第一车间（甲产品）	5 360	
贷：停工损失——第一车间		5 360
借：其他应收款——市供电局	3 600	
营业外支出——非常损失	5 320	
贷：停工损失——第二车间		8 920

对于管理上不要求单独核算停工损失的企业，可以不设立“停工损失”账户和该成本项目。停工期间发生的属于停工损失的各项费用，直接记入“制造费用”和“营业外支出”等账户。

模块小结

1. 重点：掌握可修复废品修复费用和不可修复废品生产成本的计算方法及账务处理。
2. 难点：熟练填制废品损失计算表，熟练登记废品损失明细账和基本生产成本明细账。

思考与实践

1. 到工业企业财务科去实习，了解该企业废品损失产生的原因，掌握该企业是如何核算废品损失的。
2. 通过本模块所学的知识，阐述一下该企业是否有停工损失，所采用的方法是否正确。

关键练习

一、名词解释

损失性费用　废品　废品损失　可修复废品　不可修复废品　工废品　料废品　不可修复废品损失　可修复废品损失　停工损失

二、简答题

1. 在单独核算废品损失的企业中，应单独设置什么账户？简述该账户的结构。
2. 不可修复废品损失的核算方法有哪几种？
3. 请简述企业停工的原因及分类。
4. 简述“停工损失”账户的结构。

三、计算分析题

1. 练习废品损失归集和分配的核算。

资料：某企业某月份在生产过程中发现废品，资料如下。

① 该厂基本生产车间本月生产甲产品 2 000 件，其中合格产品 1 850 件，不可修复废品 100 件，可修复废品 50 件。

② 生产甲产品 2 000 件，共发生工时 480 小时，其中不可修复废品为 12 小时。

③ 本月生产甲产品共发生直接材料费用 40 000 元，直接人工 96 000 元，制造费用 28 800元。

④ 本月对可修复废品进行修理而发生材料费 560 元，工资费 640 元，职工福利费 89.6 元，制造费用 1 210.40 元。

⑤ 生产甲产品所需的原材料，是开始投产时一次投入。

⑥ 不可修复废品 100 件的残值，估价为 270 元，作为废料入库。

要求：

① 编制不可修复废品成本计算表，如表 6-7 所示。

表 6-7 不可修复废品成本计算表

项　目	数量/件	直接材料	工　时	直接人工	制造费用	合　计
合格品和废品生产费用						
费用分配率						
废品生产成本						

② 编制废品损失归集与结转的会计分录。

③ 登记废品损失明细账,如表 6-8 所示。

表 6-8 废品损失明细账

××车间:甲产品　　××年××月　　元

年		凭证号	摘　要	直接材料	直接人工	制造费用	合　计
月	日						
(略)	(略)	(略)	转入不可修复废品生产成本				
			可修复废品负担的材料费用				
			可修复废品负担的人工费用				
			可修复废品负担的制造费用				
			结转废品残料价值				
			废品净损失				
			转出废品净损失				

④ 登记甲产品成本明细账,如表 6-9 所示。

表 6-9 基本生产成本明细账

××车间:甲产品　　××年××月　　元

年		凭证号	摘　要	直接材料	直接人工	制造费用	废品损失	合　计
月	日							
(略)	(略)	(略)	耗用直接材料					
			耗用直接人工					
			耗用制造费用					
			减:不可修复废品成本					
			转入废品净损失					
			本月合格品总成本					

2. 练习废品损失的核算。

资料:

① 上月完工入库的甲产品中发现 3 件废品和 10 件返工品废品,经查明原因,其中有 2 件废品和 8 件返工品系生产原因造成的,另外 1 件废品和 2 件返工品系成品仓库保管不善造成的。废品报废每件回收残值 25 元(可作材料用),返工品 10 件当即送交仓库进行返修,

共发生的返修费用为：直接材料 350 元，直接工资 180 元，应负担的制造费用 160 元（假定每件返工品的修复费用均等）。10 件返工品本月修完，并交回产成品仓库。上月甲产品单位成本为 167 元，其中直接材料 135 元，直接工资 16 元，制造费用 14 元，正常废品损失 2 元。

② 本月收到上月以赊销方式销售的甲产品退货 10 件，经查明均系生产原因造成。其中 6 件属废品，收得残料估价 150 元；另外 4 件为返工品，当即退回车间进行返修，发生的返修费用为：直接材料 120 元，直接工资 12 元，制造费用 11 元。返工品至月底尚未修复，下月继续进行。甲产品销售单价为 250 元，退货款已从银行存款户中转出。

要求：假设废品均为正常废品，根据上述资料作出必要的会计分录。

3. 练习废品损失的核算。

资料：某企业本月乙产品生产过程中发现不可修复废品 10 件。合格品生产工时 9 800 小时，废品工时 200 小时。本月乙产品全部生产费用为：直接材料 30 000 元，直接人工 15 000元，制造费用 20 000 元。乙产品本月投产 500 件。原材料是开工时一次投入，废品残料入库作价 100 元。

要求：根据以上资料编制不可修复废品损失计算表（见表 6-10）和有关分录。

表 6-10　不可修复废品损失计算表

项　目	数　量	直接材料	生产工时	直接人工	制造费用	合　计
生产费用总额						
分配率						
废品生产成本						
残料价值						
废品损失						

4. 练习废品损失的核算。

资料：某基本生产车间生产丙产品共 100 件，生产过程中发现不可修复废品 20 件，全部生产费用 10 000 元，其中：原材料 5 000 元，工资及福利费 3 000 元，制造费用 2 000 元；全部生产工时 2 000 小时，其中废品生产工时 200 小时；材料系生产开始时一次投入，废品回收残料价值 50 元，应收过失人赔款 100 元。

要求：

① 根据以上资料编制不可修复废品损失计算表，如表 6-11 所示。

② 编制有关会计分录。

表 6-11　不可修复废品损失计算表

项　目	数量/件	原材料	生产工时	工资及福利费	制造费用	成本合计
生产费用总额						
费用分配率						
废品生产成本						
减：残料价值						
废品报废损失						

5. 练习废品损失的核算。

资料：某工业企业甲种产品可修复废品的修复费用为：原材料 2 000 元，工资及福利费 860 元，制造费用 1 640 元。另有不可修复废品 30 件，按定额成本计价：每件原材料费用定额 50 元，废品的定额工时共为 120 小时，每小时的工资及福利费 3 元，每小时制造费用 4 元。不可修复废品的残料作为辅助材料入库，共计 200 元，应由过失人赔款 300 元。

要求：

① 计算可修复废品和不可修复废品的净损失。

② 作出相应的会计分录。

6. 练习废品损失的核算。

资料：某工业企业生产甲产品 160 件，生产过程中发现其中 16 件为不可修复废品，该产品的实际成本的有关记录如表 6-12 所示。

表 6-12　甲产品的实际成本

元

项　目	数量/件	原材料	生产工时	直接人工	制造费用	成本合计
合格品和废品生产成本	160	200 000	2 600	8 060	39 520	247 580
费用分配率						
废品生产成本	16		192			
减：残料价值		240				240
废品损失						

假定原材料是在开始生产时一次投入的，工资及福利费、制造费用按生产工时比例分配。

要求：计算费用分配率、废品生产成本和废品损失，并将计算结果填入表内空白处。

7. 练习废品损失的核算。

资料：某工业企业某车间在 4 月份生产乙种产品 102 件，生产过程中发现 5 件废品，其中 2 件为不可修复废品，3 件可修复废品。该产品成本明细账在修复前所记合格品和废品共同发生的生产费用为：直接材料 52 020 元，直接人工 45 600 元，制造费用 57 600 元，生产工时 4 800 小时（合格品 4 692 小时，不可修复废品 60 小时，可修复废品 48 小时）。原材料在生产开始时一次投入，不可修复废品的残料价值和责任的赔款分别为 297.2 元和 300 元。修复可修复废品额外增加 10 小时，每小时定额费用为：直接人工 9 元，制造费用 13 元。所有废品净损失由本月完工乙产品负担，月末在产品 20 件，完工程度 75%。

要求：

① 填列不可修复废品净损失计算表，如表 6-13 所示。

表 6-13　不可修复废品净损失计算表

项　目	数量/件	原材料	生产工时	工资及福利费	制造费用	成本合计
生产费用总额						
费用分配率						

（续表）

项　目	数量/件	原材料	生产工时	工资及福利费	制造费用	成本合计
废品生产成本						
减:残料价值						
废品报废损失						

② 计算企业废品净损失。

③ 编制有关会计分录。

8. 练习废品损失的核算。

资料:某生产车间生产甲产品,本月投产100件,全部完工,验收入库时发现不可修复废品10件。本月共计消耗生产工时10 000小时,甲产品成本明细账所记合格品和废品的全部生产费用为:原材料2 100元,燃料及动力1 000元,工资及福利费1 000元,制造费用800元,原材料是在生产开始时一次投入,废品残料入库作价100元。

要求:根据以上资料,计算不可修复废品损失,并编制有关废品损失的会计分录。

9. 练习废品损失的核算。

资料:某企业的生产车间本月在生产乙产品过程中发现不可修复废品100件,按所耗定额费用计算不可修复废品的生产成本。单件原材料费用定额为10元,已完成的定额工时50小时;每小时的费用定额为:燃料和动力费5元,工资及福利费5元,制造费用3元。不可修复废品的残料作价100元以原材料入库,应由过失人员赔款100元。废品净损失由当月同种产品成本负担。

要求:用定额费用法计算乙产品不可修复废品成本及净损失,并编制相应的会计分录。

模块七 生产费用在完工产品成本和在产品成本之间的分配方法

模块导入

成本会计主管:张兴

嗨,大家好！我是成本会计主管张兴,下面由我来告诉大家如何将生产费用在完工产品成本和在产品成本之间进行分配。通过前面几个模块的学习,我们已经掌握了各项费用的归集和分配方法。基本生产车间在生产过程中发生的各项费用,已经反映在“基本生产成本”账户的借方,这些费用都是本月发生的产品的费用,并不是本月完工产成品的成本。要计算出本月产成品成本,还要将本月发生的生产费用,加上月初在产品成本,然后再将其在本月完工产品和月末在产品之间进行分配,以求得本月产成品成本。合理进行完工产品与在产品成本的分配是正确确定产成品成本的基础。

任务一 在产品数量核算

任务目标

通过本任务的学习,你应该能够:

1. 了解什么是在产品,广义在产品和狭义在产品的含义。
2. 掌握在产品收、发、结存的核算。
3. 掌握在产品数量与完工产品成本计算的关系。

知识要点

在产品数量的核算
- 在产品数量的核算
- 在产品数量的清查

业务认知

一个企业在生产过程中,有些产品经过加工完成了全部生产过程,有些还在继续加工,这就有了完工产品和在产品,下面介绍在产品数量的核算和清查。

一、在产品的含义

在产品有广义和狭义两种不同的含义。

1. 广义在产品

广义在产品是指企业已经投入生产，但尚未完成全部生产过程，不能作为商品销售的产品。广义在产品包括正在各个生产单位加工的在制品和已经完成一个或多个生产步骤，尚未最终完工而需要继续加工的自制半成品（包括未验收入库的产成品和等待维修的可修复废品）。

2. 狭义在产品

狭义在产品是就企业某一个生产单位（分厂、车间）或某一个生产步骤而言的，它只指本生产单位和本生产步骤正在加工的在制品，不包括该生产单位或生产步骤已经完工交付的自制半成品。

二、在产品收、发、结存的核算

在产品结存的数量，同其他材料物资结存的数量一样，应同时具备账面核算资料和实际盘点资料。企业一方面要做好在产品收、发、结存的日常核算工作，另一方面要做好在产品的清查工作。做好这两项工作，既可以从账面上随时掌握在产品的动态，又可以清查在产品的实际数量。这不仅对正确计算产品成本，加强生产资金管理及保护财产，而且对保证账实相符有重要意义。

（一）在产品计算的原始凭证——在产品台账

在产品的计算包括自制半成品的计算和在制品的计算，应建立在完善的在产品原始记录、原始凭证和交接手续的基础上。一般情况下，自制半成品的计算依据验收入库时的入库凭证计算，与完工产品的数量核算相同。在产品的计算是通过在产品台账（也称在产品收、发、结存表）进行的。台账可分车间、班组并按零部件的名称、类别、批别设置，用以反映和记录车间、班组的在产品收入、转出、结存的情况，台账应根据在产品内部转移凭证、废品返修单、产品检验凭证及产成品、自制半成品交库单等登记。在单件、小批生产条件下，在产品管理工作比较复杂，通常可采用工作通知单（简称工票）或工序进程单控制在产品的收发和加工程度。

在产品台账一般由车间核算人员登记，也可由班组核算人员登记，车间核算人员汇总。其格式如表7-1所示。

表7-1　在产品台账

在产品名称：甲501　　　　生产车间：二车间　　　　件

××年		摘要	收入		转出			结存		备注
月	日		凭证号	数量	凭证号	合格品	废品	完工	未完工	
8	1		801	80					80	
	5		802	50		90	4	10	26	
		合计		960		874	18	20	48	

（二）在产品清查的核算——在产品盘点表——在产品盘盈盘亏报告表

为了取得在产品数量的准确资料，进而为正确计算完工产品和在产品成本提供资料，应定期或不定期地对在产品进行清查。清查的结果应编制在产品盘点表。并与在产品台账的账面核算资料进行核对。如果账实不符应认真查明原因，如属台账记录有误，应由经办人员更正；如由于材料耗用定额与实际耗用差异过大，使按定额耗用计算的投入产品与实际产品产出量不一致造成的在产品盘盈、盘亏，除调整台账记录外还应及时调整耗用定额；对于因过失人责任、自然耗损或意外灾害造成的账实差异，应编制在产品盘盈盘亏报告表，会计人员根据审核无误的在产品盘盈盘亏报告表对盘盈、盘亏和毁损的在产品进行账务处理。

在产品清查核算的账务处理是通过"待处理财产损溢——待处理流动资产损溢"账户进行的。

1. 在产品盘盈的核算

当在产品发生盘盈时，应按盘盈在产品的实际成本（如实际成本一时无法取得，也可按定额成本），借记"基本生产成本"账户，贷记"待处理财产损溢"账户。经有关部门批准核销盘盈时，作为冲减制造费用处理，即借记"待处理财产损溢"账户，贷记"制造费用"账户。会计分录如下。

清查中发现在产品盘盈。

借：基本生产成本

　　贷：待处理财产损溢——待处理流动资产损溢

经过批准进行处理。

借：待处理财产损溢——待处理流动资产损溢

　　贷：制造费用

2. 在产品盘亏和毁损的核算

在在产品发生盘亏、毁损时，应按盘亏、毁损的数量乘以该批在产品实际单位成本，在查明原因之前，借记"待处理财产损溢"账户，贷记"基本生产成本"账户。待查明原因，经批准处理时，做相应的账务处理。会计分录如下。

清查中发现在产品盘亏和毁损。

借：待处理财产损溢——待处理流动资产损溢

　　贷：基本生产成本

经批准后分原因进行处理。

借：原材料（收回的残值）

　　其他应收款（责任人赔偿部分）

　　营业外支出（意外灾害净损失部分）

　　制造费用（应计入产品成本部分的一般损失）

　　管理费用（应计入管理费用部分）

　　贷：待处理财产损溢——待处理流动资产损溢

三、在产品数量与完工产品成本计算的关系

1. 完工产品的概念

完工产品是指企业已经完成全部生产过程并已验收入库，合乎标准规格和技术条件，可

作为商品对外销售的产品。

2. 在产品数量与完工产品成本计算的关系

月初在产品成本、本月生产费用与本月完工产品成本和月末在产品成本四者之间的关系，可用如下公式表示。

月初在产品成本＋本月生产费用＝本月完工产品成本＋月末在产品成本

公式的前两项费用之和，即归集的某种产品的全部生产费用，月末应在后两项之间进行分配。在完工产品与月末在产品之间进行分配的方法一般有两类：一类是将前两项费用之和在完工产品与月末在产品之间按一定比例进行分配，同时计算完工产品成本和月末在产品成本；另一类是先确定月末在产品成本，再从前两项费用之和中减去月末在产品成本，计算出完工产品成本。用后一类方法计算时，其公式如下。

本月完工产品成本＝月初在产品成本＋本月生产费用－月末在产品成本

由于在产品成本等于在产品数量与单位成本的乘积，从上述公式可以看出，各月末在产品的数量和费用的大小及数量和费用变化的大小，对于完工产品成本有着很大的影响。

小知识

第一届全国会计知识大赛

1989 年 4 月，中国会计学会和华人世界社联合举办了全国首届会计知识大赛。大赛持续一年多时间，参赛人员 260 多万人次，对于普及和宣传会计知识发挥了积极作用。

任务二　生产成本在完工产品和月末在产品之间的分配

任务目标

通过本任务的学习，你应该能够：

1. 了解生产成本在完工产品和月末在产品之间的分配的原理。
2. 掌握生产成本在完工产品和月末在产品之间的分配方法。
3. 掌握完工产品成本的结转方法。

知识要点

完工产品与在产品之间费用分配方法：

- 不计算在产品成本法
- 在产品按年初在产品成本计算法
- 在产品按所耗原材料费用计算法
- 约当产量比例法
- 在产品按完工产品成本计算法
- 在产品按定额成本计算法
- 定额比例法

业务认知

在前一项任务中，我们了解了在产品的含义，以及在产品收、发、结存的核算。那么，企业在生产过程中如何进行在产品的核算及如何确定完工产品的成本呢？

一、生产成本在完工产品和月末在产品之间分配的原理

月初在产品成本＋本月生产费用＝本月完工产品成本＋月末在产品成本

① 该产品本月已经全部完工，没有月末在产品，则本月累计生产费用等于本月完工产品总成本；如果该产品月初也没有在产品，则本月生产费用等于本月完工产品总成本。

② 该产品本月全部没有完工，则本月累计生产费用（或本月生产费用）等于月末在产品成本。

③ 该产品本月既有已经完工入库的产成品，又有正在加工的月末在产品。这时，需要采用一定的方法，将本月累计生产费用在本月完工产品和月末在产品之间进行分配，以正确确定本月完工产品的实际总成本和单位成本。

二、完工产品和月末在产品之间的费用分配方法

生产成本在完工产品和月末在产品之间的分配，在成本计算工作中是一个重要而比较复杂的问题。这在产品结构复杂、零部件种类和加工工序较多的情况下更是如此。企业应根据月末在产品数量的多少、各月变化的大小、各项费用在成本中所占比重及定额管理基础的好坏等具体条件，考虑到企业的管理要求和条件，选择合理又简便的分配方法。常用的方法有以下几种。

（一）不计算在产品成本法（即在产品成本为0）

1. 含义

不计算在产品成本法是指将当月发生的生产费用，全部由当月完工产品负担的方法。

2. 适用范围

这种方法适用于月末在产品数量很少的情况，算不算在产品成本对完工产品成本影响不大，为了简化核算工作，可以不计算在产品成本，即在产品成本是0。本月发生的产品生产费用就是完工产品的成本。例如，煤炭工业的采煤，由于工作面小，在产品数量很少，月末在产品就可以不计算成本。

在这种方法下，月初、月末在产品成本均为0。完工产品成本计算单如表7-2所示。

表7-2　产品成本计算单

产品名称：甲产品　　　　2013年05月　　　　元

项　目	直接材料	直接人工	制造费用	合　计
月初在产品成本	0	0	0	0

（续表）

项 目	直接材料	直接人工	制造费用	合 计
本月生产费用	30 000	6 000	10 000	46 000
合 计	30 000	6 000	10 000	46 000
完工产品成本(100件)	30 000	6 000	10 000	46 000
单位成本	300	60	100	460
月末在产品成本	0	0	0	0

（二）在产品成本按年初在产品成本计算法

1. 含义

在产品成本按年初在产品成本计算法是指将年内各月末在产品成本均按年初在产品成本计算，本月发生的生产费用就是本月完工产品成本的方法。

2. 适用范围

这种方法适用于各月末在产品数量较小，或者在产品数量虽然较多，但各月之间数量变化不大，月初、月末在产品成本的差额对完工产品成本影响不大的产品。这是因为如果月末在产品数量不是很小甚至较大，仍然不计算在产品成本，会使产品成本核算反映的在产品资金占用不实，不利于资金管理；这些在产品不计价入账，成为账外财产，还会影响对这些财产实行会计监督。对于月末在产品数量较小的产品来说，由于月初和月末在产品费用较小，月初在产品费用与月末在产品费用的差额很小，算不算各月在产品费用的差额对于完工产品费用的影响不大；对于各月末在产品数量较大的产品来说，月初和月末在产品费用虽然较大，但由于各月末在产品数量变化不大，因而月初、月末在产品费用的差额仍然不大，算不算各月在产品费用的差额对于完工产品费用的影响仍然不大。因此，为了简化核算，上述两种产品的每月在产品成本都可以固定不变。例如，化工企业由于在产品均在容器、管道中，数量不变，在材料价格等年内变化不太大时，可应用这种方法计算在产品成本。

采用这种方法，某种产品本月发生的生产费用就是本月完工产品的成本。但在年末，应根据实际盘点的在产品数量具体计算在产品成本，据以计算12月份完工产品成本，以避免在产品成本与实际出入过大，影响成本计算的正确性。

在这种方法下，完工产品成本计算单如表7-3所示。表中所列期末在产品成本栏，应在年末加以重新计算，作为12月份的期末在产品成本，也作为明年1～12月的期初在产品成本。

表7-3 产品成本计算单

产品名称：丁产品　　　　2013年05月　　　　元

项 目	直接材料	直接人工	制造费用	合 计
月初在产品成本	15 000	8 000	5 000	28 000
本月生产费用	80 000	14 000	6 000	100 000
合 计	95 000	22 000	11 000	128 000

（续表）

项　目	直接材料	直接人工	制造费用	合　计
完工产品成本(10件)	80 000	14 000	6 000	100 000
单位成本	8 000	1 400	600	10 000
月末在产品成本	15 000	8 000	5 000	28 000

（三）在产品成本按所耗用原材料费用计算法

1. 含义

在产品成本按所耗用原材料费用计算法是月末在产品只计算其所耗用直接材料费用，不计算直接人工等加工费用的方法。

2. 适用范围

这种方法适合于月末在产品数量较多，原材料费用在产品成本中所占比重较大，而且原材料是在生产开始时一次就全部投入的情况下使用。这是因为，各月在产品数量较大，在产品数量变化也较大的产品，既不能采用第一种办法，也不能采用第二种办法，而且必须具体计算每月末在产品成本。但是由于该产品的原材料费用比重较大，因而工资及福利费等加工费用比重不大，在产品成本中的加工费用，以及月初和月末在产品的加工费用基本上可以互相抵消。因此，为了简化计算工作，月末在产品可以只计算原材料费用，其他费用全部由完工产品负担。这时，这种产品的全部生产费用减去按所耗原材料费用计算的在产品成本，就是该种完工产品的成本。例如，纺织、造纸和酿酒等工业的产品，原材料费用比重较大，都可以采用这种分配方法。在这种方法下，产品成本计算单如表7-4所示。

表7-4　产品成本计算单

产品名称：戊产品　　　　2013年05月　　　　元

项　目	直接材料	直接人工	制造费用	合　计
月初在产品成本	18 000	0	0	18 000
本月生产费用	270 000	7 600	12 000	289 600
合　计	288 000	7 600	12 000	307 600
完工产品成本(40件)	230 400	7 600	12 000	250 000
单位成本	5 760	190	300	6 250
月末在产品成本	57 600	0	0	57 600

接下来，我们再通过一个例题来看一下这种方法的具体计算过程。

例7-1　假定某工业企业某种产品的月末在产品只计算原材料费用。其月初在产品原材料费用(即月初在产品成本)为4 890元，本月发生原材料费用为9 830元，工资及福利费等加工费用共为1 230元，本月完工产品760件，月末在产品390件。原材料是在生产开始时一次性投入的，因而每件完工产品和不同完工程度的在产品所耗用的原材料数量相等，原材料费用可以按完工产品和月末在产品的数量比例分配。其计算如下。

$$原材料费用分配率=\frac{4\ 890+9\ 830}{760+390}=12.8(元/件)$$

完工产品的原材料费用=760×12.8=9 728(元)

月末在产品原材料费用(即月末在产品成本)=390×12.8=4 992(元)

完工产品成本=9 728+1 230=10 958(元)

(四) 约当产量比例法

所谓约当产量是指在产品按其完工程度折合成完工产品的产量。比如10件在产品，平均完工40%，则大约相当于完工产品4件。按约当产量比例分配的方法，就是将月末结存的在产品，按其完工程度折合成约当产量，然后再将产品应负担的全部生产费用，按完工产品产量和在产品的约当产量的比例进行分配的一种方法。

这种方法的计算公式如下。

在产品的约当产量=在产品数量×完工程度

$$分配率=\frac{月初在产品成本+本月发生生产费用}{产成品产量+月末在产品约当产量}$$

产成品成本=单位成本×产成品产量

月末在产品成本=单位成本×月末在产品约当产量

例 7-2　某产品本月完工26件，在产品10件，平均完工程度为40%，发生生产费用共3 000元。分配结果如下。

$$分配率=\frac{3\ 000}{26+10\times 40\%}=100(元/件)$$

完工产品成本=26×100=2 600(元)

在产品成本=10×40%×100=400(元)

采用这种方法，道理不难理解，问题在于在产品完工程度的确定比较复杂。一般是根据月末在产品的数量，用技术测定或其他方法计算在产品的完工程度。例如，在具备产品工时定额的条件下，可按每道工序累计单位工时定额除以单位产品工时定额计算求得。因为存在于各工序内部的在产品加工程度不同，有的正在加工之中，有的已加工完毕，有的还尚未加工，为了简化核算，所以在计算各工序内在产品完工程度时，按平均完工50%计算。

例 7-3　丙产品单位工时定额50小时，经两道工序制成。各工序单位工时定额为：第一道工序20小时，第二道工序30小时。在产品完工程度计算结果如下。

$$第一道工序完成程度=\frac{20\times 50\%}{50}\times 100\%=20\%$$

$$第二道工序完成程度=\frac{20+30\times 50\%}{50}\times 100\%=70\%$$

有了各工序在产品完工程度和各工序在产品盘存数量，即可求得在产品的约当产量。各工序产品的完工程度可先制定，产品工时定额不变时可长期使用。如果各工序在产品数量和单位工时定额都相差不大，在产品的完工程度也可按50%计算。

应当指出的是，在很多加工生产中，原材料是在生产开始时一次投入的。这时，在产品无论完工程度如何，都应和完工产品同样负担材料费用，因而不需计算在产品的约当产量。如果原材料是随着生产过程陆续投入的，则应按照各工序投入的材料费用在全部材料费用中所占比例计算在产品的约当产量。

例 7-4　假如甲产品本月完工产品产量600件，在产品100件，完工程度按平均50%计算；原材料在开始时一次投入，其他费用按约当产量比例分配。甲产品本月月初在产品和本月耗用直接材料费用共计70 700元，直接人工费用38 558元，燃料动力费用85 475元，制造费用29 250元。

甲产品各项费用的分配计算如下。

因为材料是在生产开始时一次投入，所以按完工产品和在产品的数量作比例分配，不必计算约当产量。

① 直接材料费的计算如下。

$$完工产品负担的直接材料费=\frac{70\ 700}{600+100}\times 600=60\ 600(元)$$

$$在产品负担的直接材料费=\frac{70\ 700}{600+100}\times 100=10\ 100(元)$$

直接人工费用、燃料和动力费、制造费用均按约当产量作比例分配，在产品100件折合约当产量50（100×50%）件。

② 直接人工费用的计算如下。

$$完工产品负担的直接人工费用=\frac{38\ 558}{600+50}\times 600=35\ 592(元)$$

$$在产品负担的直接人工费用=\frac{38\ 558}{600+50}\times 50=2\ 966(元)$$

③ 燃料和动力费的计算如下。

$$完工产品负担的燃料和动力费=\frac{85\ 475}{600+50}\times 600=78\ 900(元)$$

$$在产品负担的燃料和动力费=\frac{85\ 475}{600+50}\times 50=6\ 575(元)$$

(4)制造费用的计算如下。

$$完工产品负担的制造费用=\frac{29\ 250}{600+50}\times 600=27\ 000(元)$$

$$在产品负担的制造费用=\frac{29\ 250}{600+50}\times 50=2\ 250(元)$$

通过以上按约当产量法分配计算的结果，可以汇总甲产品完工产品成本和在生产产品成本。

甲产品本月完工产品成本＝60 600＋35 592＋78 900＋27 000＝202 092(元)

甲产品本月末在产品成本＝10 100＋2 966＋6 576＋2 250＝21 892(元)

(五) 在产品成本按完工产品成本计算法

1. 含义

在产品成本按完工产品成本计算法是指将月末在产品视同完工产品，将各项生产费用的累计数按完工产品和在产品数量的比例进行分配的方法。

2. 适用范围

这种方法适用于月末在产品已基本加工完成或虽已完工，只是尚未验收入库的产品。因为在这种情况下的产品成本已经接近完工产品成本，为了简化产品成本计算工作，在产品可以视同完工产品，按两者的数量比例分配原材料费用和各项加工费用。

假设某工业企业某种产品的月初在产品费用为：原材料费用 24 340 元，工资及福利费 7 610 元，制造费用 27 890 元，合计 59 840 元。本月生产费用为：原材料费用62 280元，工资及福利费 13 130 元，制造费用 28 230 元，合计 103 640 元。本月完工产品 810 件，月末在产品 410 件。月末在产品都已完工，尚未验收入库，可以视同完工产品分配各项费用。产品成本计算单如表 7-5 所示。

表 7-5　产品成本计算单

产品名称：巳产品　　　　2013 年 05 月　　　　元

项　目	直接材料	直接人工	制造费用	合　计
月初在产品成本	24 340	7 610	27 890	59 840
本月生产费用	62 280	13 130	28 230	103 640
合　计	86 620	20 740	56 120	163 480
完工产品成本(810 件)	57 510	13 770	37 260	108 540
单位成本	71	17	46	134
月末在产品成本(410 件)	29 110	6 970	18 860	54 940

我们还可以用一个例子来说明这种方法。

例 7-5　某企业生产丁产品，月初在产品和本月费用累计为：直接材料8 400元，直接工资 4 200 元(其他各项费用略)。本月完工 68 件，月末在产品 32 件，已经完成全部加工过程，尚未验收入库。

直接材料费用分配率＝8 400÷(68＋32)＝84(元/件)

完工产品直接材料费用＝68×84＝5 712(元)

月末在产品直接材料费用＝32×84＝2 688(元)

直接工资费用分配率＝4 200÷(68＋32)＝42(元/件)

完工产品直接工资费用＝68×42＝2 856(元)

月末在产品直接工资费用＝32×42＝1 344(元)

因此，本月完工产品成本＝5 712＋2 856＝8 568(元)

月末在产品成本＝2 688＋1 344＝4 032(元)

(六) 在产品按定额成本计算法

1. 含义

在产品按定额成本计算法是指月末在产品成本按预先制定的在产品单位定额成本和月末在产品数量计算，本月累计生产费用减去月末在产品定额成本，即为当月完工产品成本的一种方法。采用这种分配方法时，月末在产品成本按定额成本计算，该种产品的全部生产费用（如果有月初在产品，包括月初在产品费用）减去按定额成本计算的月末在产品成本，余额作为完工产品成本；每月生产费用脱离定额的节约差异或超支差异全部计入当月完工产品成本。

2. 适用范围

这种方法适用于各项消耗定额或费用定额比较准确、稳定，而且各月末在产品数量变化不大的产品，原因主要有以下两个。

① 产品的各项消耗定额或费用定额比较准确，月初和月末单件在产品费用脱离定额的差异不会大；由于各月末在产品数量变化不大，月初在产品费用脱离定额差异总额与月末在产品费用脱离定额差异总额的差额也不会大。因此，月末在产品不计算费用差异，对完工产品成本的影响不大，为了简化成本计算工作，可以这样分配费用。

② 在修订消耗定额的月份，月末在产品就按新的定额成本计算，产品的全部生产费用减去按新的定额成本计算的在产品成本以后的余额，全部作为完工产品成本。也就是说，完工产品成本中包括了月末在产品按新的定额成本计价所发生的差额，这样做不利于完工产品成本的分析和考核。例如，某种产品的全部生产费用为 15 000 元，由于消耗定额降低，月末在产品定额成本由 3 000 元降为 2 000 元，因此完工产品成本由 12 000(15 000－3 000)元，提高为 13 000(15 000－2 000)元。而上述完工产品成本的提高不是由于当月生产耗费超支（当月不好的因素）的结果，而是由于以前月份生产技术进步、操作熟练程度提高等原因使本月消耗定额降低（以前月份好的因素）的结果。要对完工产品成本进行正确的分析和评价，必须对月末在产品按新旧两种定额成本进行计价，并计算两者的差额，这会增加成本核算和分析的工作量。因此，采用在产品按定额成本计价法，产品的各项消耗定额还必须比较稳定，也就是不需要经常修订消耗定额。

3. 计算

① 期末在产品直接材料定额成本＝期末在产品数量×单位在产品材料定额成本

② 期末在产品直接人工定额成本＝期末在产品定额工时×单位工时定额人工费用

③ 期末在产品制造费用定额成本＝期末在产品定额工时×单位工时定额制造费用

或 ＝期末在产品数量×单位在产品定额制造费用

④ 期末在产品定额成本＝期末在产品直接材料定额成本＋期末在产品直接人工定额成本＋期末在产品制造费用定额成本

⑤ 本月完工产品总成本＝期初在产品定额成本＋本月发生生产费用－期末在产品定额成本

例 7-6　企业生产某产品，月末在产品盘存 200 件，原材料在生产开始时一次投入，单件产品原材料消耗定额为 2.5 千克，每千克计划单价为 50 元；200 件在产品完成的定额工时为 6 000 小时，计划小时费用率为：直接人工 1.2 元/小时，制造费用 0.3 元/小时。假定月初在产品定额成本为 36 000 元，本月发生的生产费用为 280 000 元。该产品采用在产品按定额成本计价法，其月末在产品和本月完工产品成本计算如下。

在产品直接材料定额成本＝200×2.5×50＝25 000(元)

在产品直接人工定额成本＝6 000×1.2＝7 200(元)

在产品制造费用定额成本＝6 000×0.3＝1 800(元)

月末在产品定额成本＝25 000＋7 200＋1 800＝34 000(元)

完工产品成本＝36 000＋280 000－34 000＝282 000(元)

在采用这种分配方法时，如果产品成本中原材料费用所占比重较大，为进一步简化成本计算工作，月末在产品成本也可以只按定额原材料费用计算。也就是说，月末在产品的这一项费用脱离定额的差异，以及其他各项实际费用都可以计入完工产品成本。这是将在产品按所消耗原材料费用计价法和按定额成本计价法两者结合应用的一种分配方法。

（七）定额比例法

1. 含义

定额比例法是指按照完工产品与月末在产品的定额耗用量（或定额成本）比例来分配生产费用，确定完工产品成本和月末在产品成本的方法。

采用这种分配方法时，产品的生产费用在完工产品与月末在产品之间按照两者的定额消耗量或定额费用比例分配。其中，原材料费用按原材料的定额消耗量或定额费用比例分配。工资及福利费等加工费用，可以按各定额费用的比例分配，也可以按定额工时比例分配。由于工资及福利费等加工费用的定额费用一般根据定额工时乘以每小时的各费用定额计算，因此这些费用一般按定额工时比例分配，以节省各该定额费用的计算工作。

2. 适用范围

这种方法适用于各项消耗定额或费用定额比较准确、稳定，但各月末在产品数量变动较大的产品。这是因为月初和月末单件在产品费用脱离定额的差异虽然由于产品的消耗定额或费用定额比例准确、稳定而不大，但由于各月末在产品数量变化较大，因此月初在产品费用脱离定额的差异总额与月末在产品费用脱离定额差异总额的差额会较大；如果仍采用在产品按定额成本计价法，将月初、月末在产品费用脱离定额差异的差额计入完工产品成本，会对完工产品成本的正确性发生较大的影响，甚至出现完工产品成本是负数的不合理现象。例如，某种产品月初没有在产品，月末在产品为10 000件，本月完工产品为1件，则10 000件月末在产品的成本差异全部计入完工产品成本，这1件完工产品成本就会很不正确；如果成本差异是节约差异，这1件完工产品成本就会是负数，而且是一个很大的负数。因此，在上述条件下，不能采用在产品按定额成本计价法，而应采用定额比例法。

3. 计算

采用定额比例法时，如果原材料费用按定额原材料费用比例分配，各项加工费用均按定额工时比例分配，则其分配计算的公式如下。

① 直接材料分配。

$$\text{直接材料分配率}=\frac{\text{月初在产品直接材料实际成本}+\text{本月发生直接材料实际成本}}{\text{完工产品定额耗用量或成本}+\text{月末在产品直接材料定额耗用量或成本}}$$

完工产品直接材料实际成本＝完工产品直接材料定额耗用量(成本)×直接材料分配率

月末在产品直接材料实际成本＝月末在产品直接材料定额耗用量(成本)×直接材料分配率

② 直接人工和制造费用分配。

$$\text{直接人工分配率}=\frac{\text{月初在产品直接人工实际成本}+\text{本月发生直接人工实际成本}}{\text{完工产品定额工时}+\text{月末在产品定额工时}}$$

$$\text{制造费用分配率}=\frac{\text{月初在产品制造费用实际成本}+\text{本月发生制造费用实际成本}}{\text{完工产品定额工时}+\text{月末在产品定额工时}}$$

完工产品直接人工(制造费用)实际成本＝完工产品定额工时×直接人工(制造费用)分配率

月末在产品直接人工(制造费用)实际成本＝月末在产品定额工时×直接人工(制造费用)分配率

例 7-7　假定新兴工厂所产乙产品采用定额比例法计算费用分配率，分配计算完工产品和月末在产品费用。2013 年 3 月，其所耗原材料在生产开始时一次投入。原材料按定额费用比例分配，人工及制造费用按定额工时比例分配，有关各项费用及定额资料，如表 7-6 所示。

表 7-6　乙产品相关费用资料

2013 年 03 月　　元

成本项目		原材料	工资及福利费	制造费用	成本合计
月初在产品费用		56 868	6 846.96	11 904	75 618.96
本月生产费用		54 210	2 150.04	6 090	62 450.04
完工产品费用	定额	79 200	25 600 小时	25 600 小时	—
月末在产品费用	定额	21 780	4 390 小时	4 390 小时	—

采用定额比例法进行分配，对各项费用的分配计算如下。

$$\text{原材料费用分配率}=\frac{56\ 868+54\ 210}{79\ 200+21\ 780}=1.1$$

完工产品原材料费用＝79 200×1.1＝87 120(元)

月末在产品原材料费用＝21 780×1.1＝23 958(元)

$$\text{工资及福利费分配率}=\frac{6\ 846.96+2\ 150.04}{25\ 600+4\ 390}=0.3(\text{元/小时})$$

完工产品工资及福利费用＝25 600×0.3＝7 680(元)

月末在产品工资及福利费用＝4 390×0.3＝1 317(元)

$$\text{制造费用分配率}=\frac{11\ 904+6\ 090}{25\ 600+4\ 390}=0.6(\text{元/小时})$$

完工产品制造费用＝25 600×0.6＝15 360(元)

月末在产品制造费用＝4 390×0.6＝2 634(元)

制造费用分配的计算以此类推。根据计算结果编制完工产品与月末在产品费用分配表，如表 7-7 所示。

表 7-7　完工产品与月末在产品费用分配表

产品名称

新兴工厂　　　　2013 年 03 月　　　　元

成本项目		原材料	工资及福利费	制造费用	成本合计
月初在产品费用		56 868	6 846.96	11 904	75 618.96
本月生产费用		54 210	2 150.04	6 090	62 450.04
生产费用累计		111 078	8 997	17 994	138 069
费用分配率		1.1	0.3	0.6	—
完工产品费用	定额	79 200	25 600 小时	25 600 小时	—
	实际	87 120	7 680 小时	15 360 小时	110 160
月末在产品费用	定额	21 780	4 390 小时	4 390 小时	—
	实际	23 958	1 317 小时	2 634 小时	27 909

通过以上所述，我们可以看出，采用定额比例法分配完工产品与月末在产品费用，不仅分配结果比较合理，而且还便于将实际费用与定额费用相比较，分析和考核定额的执行情况。在分配时，由于公式中分子和分母都是月初在产品和本月发生的费用，分子是实际数，分母是定额数，便于互相比较，因而这一优点体现得更为明显。

三、完工产品成本的结转

生产费用完成了在各产品之间及在完工产品和月末在产品之间的分配和归集之后，完工产品的单位成本也就计算出来了，这时，就可根据各产品成本计算表中的完工产品成本编制完工产品成本汇总表，结转入库完工产品成本。

工业企业的完工产品，包括产成品、自制材料、工具和模具等。

完工产品经产成品仓库验收入库以后，其成本应从“基本生产成本”账户和各种产品成本明细账的贷方转入到各有关科目的借方，其中，完工入库产成品的成本，应转入“产成品”账户；完工自制材料、工具、模具等的成本，应分别转入“原材料”和“周转材料”等账户。”

根据完工产品成本汇总表，编制会计分录并登记有关总账和明细账。

借：库存商品——×产品

　　原材料——×材料

　　周转材料——低值易耗品

　　贷：基本生产成本——×产品(材料)

例 7-8　某企业月末甲、乙产品完工产品成本汇总表如表 7-8 所示。

编制结转完工产品成本的会计分录如下。

借：库存商品——甲产品　　34 044.6

　　　　　　——乙产品　　235 200

　　贷：基本生产成本——甲产品　　34 044.6

　　　　　　　　　　——乙产品　　235 200

表 7-8　完工产品成本汇总表

附单据　张

年　　月　　日　　　　　　　　　元

产品成本	计量单位	产量	直接材料	直接人工	制造费用	总成本	单位成本
甲产品	件	100	14 352	6 996.6	12 696	34 044.6	340.45
乙产品	箱	160	88 853.33	120 213.33	26 133.34	235 200	1 470
—	—	—	—	—	—	—	—

财务主管　　　　　　　　　　　　　　　　　　　　　　　　制单

模块小结

1. 重点：熟练掌握完工产品和在产品之间分配费用的 7 种方法。
2. 难点：能够在不同条件下灵活运用完工产品和在产品之间分配费用的 7 种方法。

思考与实践

1. 到工业企业财务科去实习，了解该企业有哪些计算在产品的原始凭证。

2. 通过本模块所学的知识，阐述一下该企业所采用的完工产品和在产品之间的分配方法是否合理，提出自己的意见和建议。

关键练习

一、名词解释

在产品　完工产品　约当产量

二、简答题

1. 生产费用在完工产品和产品之间的分配主要有哪些方法？
2. 简述约当产量法的特点和适用范围。
3. 如何计算在产品的完工程度？

三、单选题

1. 在产品盘亏、损毁，其一般损失经批准应记入(　　)。

A. 制造费用　　B. 其他应收款　　C. 管理费用　　D. 营业外支出

2. 企业生产车间进行在产品盘点，发现一批因管理不善而造成损毁的在产品，经批准应记入(　　)。

A. 制造费用　　B. 生产成本　　C. 管理费用　　D. 营业外支出

3. 分配制造费用时，在产品约当产量通常按(　　)计算。

A. 100%　　B. 投料程度　　C. 完工程度　　D. 50%

4. 在产品按所耗原材料费用计价法适用于(　　)。

A. 月末在产品数量很少　　B. 月末在产品接近完工

C. 材料在成本中占比重较大　　D. 在产品数量虽多但比较均衡

5. 直接材料在生产开始时一次投入，则投料程度为(　　)。

A. 100%　　B. 完工程度　　C. 50%　　D. 0

6. 直接材料随生产过程陆续投入，且投料程度与生产进度基本一致，则投料程度为(　　)。

A. 100%　　B. 完工程度　　C. 50%　　D. 0

7. 各工序在产品的数量及完工程度比较均衡的企业，计算在产品约当产量时，完工程度为(　　)。

A. 100%　　B. 0　　C. 50%　　D. 投料程度

8. 在产品按定额成本计价法适用于(　　)。

A. 月末在产品数量很少　　B. 在产品数量虽多但比较均衡

C. 月末在产品接近完工　　D. 在产品数量不多且比较均衡

9. 期末在产品成本的计算，常见的方法有(　　)。

A. 一次交互分配法　　B. 直接分配法

C. 约当产量比例法　　D. 计划分配率分配法

10. 某企业产品经过两道工序，各工序的工时定额分别为 30 小时和 40 小时，则第二道工序的完工率为(　　)。

A. 68%　　B. 69%　　C. 70%　　D. 71%

四、多选题

1. 采用约当产量比例法，必须正确计算在产品的约当产量，而在产品约当产量计算正确与否取决于产品完工程度的测定，测定在产品完工程度的方法有(　　　)。

A. 按 50% 平均计算　　B. 分工序分别计算

C. 按定额比例法计算　　D. 按定额工时计算

E. 按原材料消耗定额计算

2. 生产费用在完工产品与在产品之间分配的方法有(　　　)。

A. 约当产量法　　B. 定额比例法

C. 计划成本比例法　　D. 不计算在产品成本法

3. 分配计算完工产品和月末在产品的费用时，采用在产品按定额成本计价法所具备的条件是(　　　)。

A. 各月末在产品数量　　B. 产品的消耗定额比较稳定

C. 各月末在产品数量变化比较小　　D. 产品的消耗定额比较准确

E. 定额管理基础较好

4. 企业在选择在产品成本计算方法时应考虑的因素主要有(　　　)。

A. 在产品数量的多少　　B. 各月在产品数量变化的大小

C. 各项费用比重的大小　　D. 定额管理基础的好坏

E. 成本计算程序的繁简

5. 采用定额比例法计算在产品成本时，使用的定额主要有(　　　)

A. 材料定额消耗量　　B. 材料定额费用

C. 工时定额消耗量　　　　　　　　D. 材料计划单位成本
E. 单位产品定额成本
6. 采用按所耗材料费用计算法计算在产品成本时，应具备的条件是（　　）。
A. 产品成本中材料费用所占的比重较大
B. 产品成本中材料费用所占的比重较小
C. 其他加工费用比重较小
D. 其他加工费用比重较大

五、判断题

1. 广义在产品是指某一车间或某一工序正在加工中的那部分在产品。（　　）
2. 在处理在产品盘亏和毁损时，一律应借记“营业外支出”账户，贷记“待处理财产损溢——待处理流动资产损溢”账户。（　　）
3. 定额比例法下，原材料费用按原材料费用的定额工时或原材料定额费用比例分配。（　　）
4. 对于从一个车间直接转给另一个车间继续加工的自制半成品，需要通过“自制半成品”账户核算。（　　）
5. 在产品台账一般由厂部成本核算人员登记。（　　）
6. 企业在完工产品和月末在产品之间分配生产费用时，应按成本项目分别计算。（　　）
7. 在产品按所消耗原材料费用计价法，适用于在产品数量较多且较稳定的企业。（　　）
8. 如果产品的消耗定额准确、稳定，各月末在产品数量变化不大，产品成本中原材料费用所占比重较大，为了简化成本计算，月末在产品可以按定额原材料费用计价。（　　）
9. 约当产量是指将月末在产品数量按照完工程度折算成的相当于完工产品的产量。（　　）
10. 定额成本制度不仅是一种基本的成本核算方法，而且还是一种对产品成本进行控制和管理的方法。（　　）

六、计算分析题

1. 练习在产品按所耗原材料费用计价法。

资料：某企业生产A产品，原材料于生产开始时一次投入，产品成本中原材料所占比重很大，月初在产品原材料费用为26 000元，本月发生的生产费用为：原材料54 000元，燃料及动力1 100元，工资及福利费1 500元，制造费用1 600元，本月完工产品78台，月末在产品50台。

要求：采用在产品按所耗原材料费用计价法，计算完工A产品成本和月末在产品成本。

2. 练习约当产量法。

(1) 在产品完工程度的计算。

资料：某厂甲产品单件工时定额为800小时，经过两道工序制成；其中第一道工序工时定额为480小时；第二道工时工时定额为320小时。

要求:计算在产品的完工程度。

(2) **资料**:某企业生产甲产品由3道工序制成,原材料在生产开始时一次投入。单位产品工时定额为40小时,第1道工序工时定额为8小时,第2道工序工时定额为16小时,第3道工序工时定额为16小时,各道工序在产品加工程度均按50%计算。本月甲产品完工200件,各工序在产品数量:第1道工序20件,第2道工序40件,第3道工序60件。月初在产品及本月生产费用累计为:原材料费用16 000元。工资及福利费7 980元,制造费用8 512元。

要求:

① 分工序计算完工率。

② 分工序计算在产品约当产量。

③ 计算费用分配率。

④ 计算完工产品费用和月末在产品成本。

⑤ 编制完工产品入库的会计分录。

(3) **资料**:甲产品由两道工序制成。原材料随生产进度分工序投入,在每道工序开始时一次投料。第1道工序投入原材料定额为280千克,月末在产品数量3 200件,第2道工序投入原材料定额为220千克,月末在产品数量2 400件。完工产品为8 400件,月初在产品和本月发生的实际原材料费用累计528 864元。

要求:

① 分别计算两道工序按原材料消耗程度表示的在产品完工率。

② 分别计算两道工序按原材料消耗程度表示的在产品的约当产量。

③ 按约当产量比例法分配完工产品与月末在产品的原材料费用。

(4) **资料**:某厂某产品本月完工32台,月末在产品16台,原材料于生产开始时一次投入。期初在产品成本为:直接材料6 800元、直接工资5 600元、制造费用4 800元;本月发生费用为:直接材料70 000元、直接工资32 000元,制造费用21 200元。在产品完工程度估计为50%。

要求:按约当产量法计算完工产品与月末在产品的成本。

3. 练习定额比例法。

(1) **资料**:某厂大量生产的E产品是定型产品,有比较健全的定额资料和定额管理制度。本月完工E产品1 000件,产品直接材料费用定额为800元,工时消耗定额为90小时。月末盘点停留在各生产工序的在产品为400件,其中第一道工序为150件,在产品直接材料费用定额为600元,工时消耗定额为10小时;第二道工序为140件,在产品直接材料费用定额为700元,工时消耗定额为45小时;第三道工序为110件,在产品直接材料费用定额为800元,工时消耗定额为80小时。E产品月初在产品成本和本月发生的生产费用,如表7-9所示。

表7-9　E产品月初在产品成本及本月生产费用

元

成本项目	原材料	工资及福利费	制造费用	成本合计
月初在产品费用	103 296	25 584	15 350	144 230
本月生产费用	929 664	294 216	176 530	1 400 410

要求:采用定额比例法计算月末在产品和本月完工产品成本。

(2) **资料**:某工业企业生产乙产品,6月初在产品费用为:原材料费用1 400元,工资和福利费3 000元,制造费用1 000元。完工产品4 000件,单件原材料费用定额2元,单件工时定额1.25小时。月末在产品1 000件,单件原材料费用定额2元,工时定额1小时。

要求:采用定额比例法分配计算完工产品与月末在产品成本。

4. 练习定额成本法。

(1) **资料**:某企业生产A产品,原材料在生产开始时一次投入。该产品各项消耗定额比较准确、稳定,各月末在产品的数量变化不大,月末在产品按定额成本计价。A产品本月完工500件,原材料费用定额为180元,工时定额为80小时。月初在产品及本月实际生产费用共计为:原材料124 000元,工资及福利费68 000元,制造费用84 000元;月初在产品及本月投入的原材料定额费用共为120 000元,定额工时共为60 000小时;月末在产品的小时费用定额为:工资及福利费1.5元,制造费用1.2元。

要求:

① 计算月末在产品的定额原材料费用。

② 计算月末在产品的定额工时和定额工资及福利费、定额制造费用。

③ 计算月末在产品定额成本。

④ 计算完工产品成本。

(2) **资料**:某产品由甲、乙两个零件组成,原材料在零件投产时一次投入,甲、乙两个零件所耗原材料定额分别为10元和12元。该产品各工序工时定额及某月在产品数量,如表7-10所示。

表7-10 某产品各工序工时定额及某月在产品数量

零件名称	所在工序号	本工序工时定额	在产品数量
甲	1	6	200
	2	4	160
	小 计	10	360
乙	1	12	400
	2	8	200
	小 计	20	600

每道工序在产品累计工时定额按上道工序累计工时定额加上本工序工时定额的50%计算。每小时费用定额为燃料与动力1元,直接人工费用1.2元,制造费用1.6元。

要求:采用月末在产品按定额成本计价法,计算完工产品成本(见表7-11),并登记产品成本明细账(见表7-12)。

表 7-11　月末在产品定额成本计算表

元

零件名称	所在工序	在产品数量/件	原材料费用		工　时		燃料与动力	直接人工	制造费用	合　计
			单件定额	定额费用	单件累计定额	定额工时				
甲	1	200								
	2	160								
乙	1	400								
	2	200								
合　计										

表 7-12　产品成本明细账

元

摘　要	直接材料	燃料与动力	直接人工	制造费用	合　计
月初在产品成本	9 000	3 260	3 456	4 800	20 516
本月生产费用	79 000	27 420	51 120	78 976	236 516
合　计					
完工产品成本					

（3）**资料**：某企业生产丙产品，经过两道工序连续加工制成，本月完工 752 件，原材料在生产开始时一次投入。单件产品原材料费用定额为 93 元，工时定额 10 小时。每工时直接人工费用定额 4.9 元，制造费用定额 1.7 元。各工序工时定额及在产品数量如表 7-13 所示。

表 7-13　丙产品各工序工时定额及在产品数量

工　序	在产品数量/件	工时定额/小时
1	100	6
2	80	4
合　计	180	10

各工序月末在产品平均加工程度为 50%。丙产品月初及本月生产费用合计为 150 333.60元，其中直接材料 95 343.60 元，直接人工 42 300 元，制造费用 12 690 元。

要求：分别采用在产品按定额成本计价法及定额比例法分配计算完工产品成本和月末在产品成本。分析二者计算结果为何不同。

七、综合实训题

实训目的

1. 熟练掌握生产费用在完工产品与在产品之间的几种分配方法，比较各种方法的优缺点。

2. 能根据企业生产实际，选择合理的分配方法，编制各种方法下生产费用分配表。

实训资料

在完工产品和在产品之间分配费用的方法有 7 种，这 7 种方法的对比，如表 7-14 所示。

表 7-14　生产费用在完工产品与月末在产品之间分配方法对比表

适用条件 / 分配方法	在产品数量的多少	在产品数量变化的大小	各项费用所占比重	定额管理基础的好坏
不计算在产品成本法	很小			
按年初在产品成本法计算法	较小，或者较大，但各月之间变化不大	变动不大		
在产品按所耗原材料计价法	较大	较大	原材料所占比重大	
约当产量比例法	较大	较大		
在产品按完工产品成本计算法	月末在产品已经接近完工，或者加工完毕，但尚未验收或包装入库的产品			
在产品按定额成本计价法		变动不大	各项费用所占比重相差不多	定额准确、稳定
定额比例法		变动不大		定额准确、稳定

企业选择合理的分配方法要综合考虑在产品数量的多少、在产品数量变化的大小、产品成本中各项费用所占比重及企业定额管理基础的好坏等条件。某种产品完工产品和在产品之间分配费用的方法一旦确定后，就应该保持稳定，不应经常变化。

① 大华公司生产甲产品，原材料在生产开始时一次投入，产品成本中原材料所占的比重较大，月末在产品按所耗原材料费用计算。2013 年 4 月，月初在产品的原材料费用 4 800 元。4 月份发生的生产费用为：原材料 76 000 元，燃料及动力 24 000 元，生产工人薪酬 23 000元，制造费用 37 000 元。本月完工产品 400 件，月末在产品 100 件。

② 大华公司 2013 年 5 月份完工乙产品 220 件，月末在产品 40 件，完工率为 50%。月初在产品和本月生产费用累计为：原材料 26 400 元，燃料及动力 20 900 元，生产工人薪酬 12 100元，制造费用 18 700 元，废品损失 2 400 元。原材料在生产开始时一次投入，原材料费用按照完工产品和月末在产品数量比例分配，其他各项费用按照完工产品的数量和月末在产品约当产量的比例进行分配。

③ 大华公司 2013 年 5 月份丙产品成本明细账所记资料如下。月初在产品生产费用为：原材料 7 400 元，工资及福利费 5 900 元，制造费用 5 240 元。本月生产费用为：原材料 20 600元，生产工人薪酬 13 000 元，制造费用 25 000 元。本月完工产品 100 件，单件定额为：原材料 160 元，工时 110 小时。月末在产品 40 件，单件定额为：原材料 100 元，工时 40 小时。

④ 大华公司 2013 年 5 月份生产丁产品各项消耗定额比较准确、稳定，各月末在产品数量变化不大，月末在产品按定额成本计算。该产品月初和本月发生的生产费用合计为：原材

料 96 040 元，生产工人薪酬 30 500 元，制造费用 24 000 元。原材料在生产开始时一次投入，单位产品原材料费用定额为 140 元。完工产品产量 840 件，月末在产品 200 件，定额工时共计 1 300 小时。每小时费用定额为：工资 4 元，制造费用 6 元。

要求

根据实训资料①完成下列 1、2 项；实训资料②完成下列 3、4 项；根据实训资料③完成下列第 5 项；根据实训资料④完成下列第 6 项。

1. 采用在产品按所耗原材料费用法在完工产品和在产品之间分配费用，并计算本月完工产品和月末在产品的总成本和单位成本。

2. 登记甲产品成本明细账，如表 7-15 所示。

表 7-15　产品成本明细账

产品名称：甲产品　　　　年　　月　　　　元

年		摘　要	直接材料	燃料及动力	直接人工	制造费用	合　计
月	日						
		月初在产品					
		本月生产费用					
		合　计					
		完工产品成本					
		月末在产品成本					

3. 计算月末在产品的约当产量、各项费用的分配率、完工产品成本和月末在产品成本。

4. 编制乙产品完工产品和在产品成本计算表，如表 7-16 所示。

表 7-16　完工产品和在产品成本计算表

产品名称：乙产品　　　　年　　月　　　　元

项　目	直接材料	燃料及动力	直接人工	制造费用	废品损失	合　计
生产费用累计						
在产品完工程度						
在产品约当产量						
完工产品产量						
分配率（单位成本）						
完工产品总成本						
月末在产品						

5. 采用定额比例法计算分配完工产品成本和月末在产品成本（原材料按定额费用比例分配，其他费用按定额工时比例分配），编制产品成本明细账，并将结果填入产品成本计算单（见表 7-17）。

6. 采用定额成本法计算在产品成本，分配计算月末在产品成本和完工产品成本，并登记产品成本明细账，并将结果填入产品成本计算单（见表 7-18）。

表 7-17　产品成本计算单

产品名称：丙产品　　　　　年　　月　　　　　元

成本项目		直接材料	直接人工	制造费用	合　计
月初在产品					
本月生产费用					
生产费用合计					
费用分配率					
完工产品	定　额				
	实　际				
月末在产品	定　额				
	实　际				

表 7-18　产品成本计算单

产品名称：丁产品　　　　　年　　月　　　　产量：　　　　　元

成本项目	生产费用合计	月末在产品成本	完工产品成本
直接材料			
直接人工			
制造费用			
合　计			

模块八

产品成本计算的基本方法

模块导入

成本会计主管：张兴

嗨，大家好！我是成本会计主管张兴，通过亲身体验，我懂得了“成本”这个词对一个企业的重要性，一个企业采取哪种方法正确计算成本更是重中之重！那么企业应该怎样选择成本计算方法呢？关键取决于该企业的成本计算对象。

任务一　成本计算方法概述

任务目标

通过本任务的学习，你应该能够：

1. 了解成本计算对象的概念。
2. 了解企业的生产组织类型、特点和成本计算对象的关系。
3. 了解企业的生产工艺过程和成本计算对象的关系。
4. 了解成本计算方法和成本计算对象、生产组织类型及工艺过程的关系。

知识要点

成本计算
- 成本计算对象的概念
- 企业的生产组织类型特点和成本计算对象的关系
- 企业的生产工艺过程和成本计算对象的关系
- 成本计算方法和成本计算对象、生产组织类型及工艺过程的关系

业务认知

一个企业在生产过程中，要按成本计算对象归集生产费用，计算产品成本。下面介绍成本生产对象、生产组织类型、工艺过程及三者之间的关系。

一、成本计算对象

成本计算对象是指归集生产费用的各个对象，也就是成本费用的承担者。成本计算对象的确定，在很大程度上取决于企业生产组织的类型、特点和成本管理的要求。

（一）企业生产组织的类型和特点

1. 按照生产组织的特点划分

按照生产组织特点，可以分为大量生产、成批生产和单件生产 3 种类型。

大量生产，是指不断地重复生产相同品种产品的生产，如造纸、纺织、发电等生产，均属于这种类型。

成批生产，是指按照产品的批别和订单进行的生产，如服装生产中的定制校服、来料加工等生产都属于这种类型。

单件生产，是指按照购买单位的要求，生产个别的、要求特殊的产品，如专用工具、专用设备的生产，轮船、飞机的制造等，都属于这种类型。

2. 按照工艺过程的特点划分

按照工艺过程特点，可以分为单步骤生产和多步骤生产两种类型。

单步骤生产，是指生产工艺过程不能间断，不能分散在不同工作地点进行的生产，如采掘、供电、天然气等行业的生产，都属于这种类型。

多步骤生产，是指生产过程在工艺上可以间断，可以分散不同时间、不同地点的产品生产。

① 多步骤生产可以按照劳动对象的加工程序划分为连续加工式生产和装配加工式生产。连续式生产如纺织、造纸都属于这种类型的生产；装配加工式生产如家电、电子产品的生产，都属于这种类型的生产。

② 多步骤生产根据不同类型的多步骤加工企业和管理上是否计算半成品的成本等要求，在采用分步法计算产品成本时，具体又可选择不同的分步法：包括逐步结转分步法和平行结转分步法。

（二）企业生产组织类型和特点对确定成本计算对象的影响

通常情况下，单步骤生产工艺过程成简单，产品品种较少，所以这类生产将产品品种确定为成本计算对象比较合理。

在连续式多步骤生产中，如果成本管理不要求计算半成品成本，则将产品品种作为成本计算对象；反之，将产品品种和各步骤半成品共同作为成本计算对象。

在装配式多步骤生产中，生产组织既有大量生产，又有成批生产和单件生产，对成本管理要求不尽相同。如果不按批别、订单要求生产，则按产品品种作为成本计算对象；如果按批别和订单要求生产，则应把每一批别和每一订单作为成本计算对象。

确定了成本计算对象之后，也就确定了成本计算方法，因为成本计算对象是确定成本计算方法的首要条件。如果把产品品种作为成本计算对象，那么成本计算方法就是品种法；如果把批别或订单作为成本计算对象，成本计算方法就是分批法；如果把产品的生产步骤作为成本计算对象，成本计算方法就是分步法。综上所述，我们可以把成本计算方法与成本计算对象、生产组织特点及生产工艺过程之间的关系，通过表 8-1展示出来。

表 8-1　成本计算方法与成本计算对象、生产组织特点及生产工艺过程的关系

成本计算方法	成本计算对象	生产组织类型	生产工艺过程
品种法	产品品种	大量大批生产	单步骤生产或多步骤生产
分批法	产品批别或订单	成批生产或单件生产	多步骤生产
分步法	产品生产步骤	大量大批生产	多步骤生产

当然，上述 3 种方法只是成本计算的主要方法，在实际工作中，我们还有可能接触到成本计算方法的辅助方法，比如分类法和定额法等。

任务二　品种法

任务目标

通过本任务的学习，你应该能够：

1. 了解品种法概念。
2. 了解品种法的特点和适用范围。
3. 了解品种法的计算程序。
4. 学会运用品种法。

知识要点

品种法：
- 概念
- 特点和适用范围
- 计算程序

业务认知

在任务一中，我们对成本计算方法有所了解，那么一个企业在生产过程中，如何按产品品种计算成本？下面介绍品种法的概念、特点、适用范围及计算程序。

一、品种法

（一）品种法概念、特点和适用范围

1. 品种法的概念

品种法是指以产品品种为成本计算对象来归集生产费用、计算产品成本的方法。

2. 品种法的特点

① 以企业最终完工的产品作为成本计算对象。如果企业只生产一种产品，那么本月发生的各项生产费用可直接记入按产品设置的基本生产成本明细账。如果企业生产多种产品，除了可明确计入某一种产品的直接费用外，生产产品的间接费用要选择合适的标准分别计入各种产品的成本。

② 成本计算按月进行。由于大量大批的生产总是连续不断地进行，无法在产品制造完工时立即计算其生产成本，所以成本计算一般按月进行。

③ 区分不同情况处理在产品成本。在单步骤生产企业，产品的生产周期较短，会计期末一般没有在产品或在产品数量比较少而且稳定，可以不计算月末在产品成本。按成本项目归集于各产品成本明细账中的生产费用，构成当月各种产品的单位成本。当月某产品的生产成本除以产量，就是该产品的单位生产成本。在多步骤生产但不需分步计算成本的企业，由于生产步骤较多，月末一般都会有一定数量的在产品。这种情况下，需要将生产费用在完工产品和月末在产品之间采用一定的方法进行分配。

3. 品种法的适用范围

品种法的适用范围有大量大批单步骤生产和生产管理上不要求分步骤计算产品成本的多步骤生产。

（二）品种法的计算程序

产品成本品种法的计算程序主要有以下几个步骤。

1）按产品品种设置成本明细账，并按成本项目分别设置专栏，据以归集生产费用。

2）根据原始凭证或原始凭证汇总表，编制各种要素费用分配表。对于直接费用如直接材料、直接工资等，可以直接记入成本明细账；对于间接费用，可以先在制造费用明细账中归集，然后按一定标准进行分配，分别记入有关产品的成本明细账。

3）月份终了，将各种产品成本明细归集的生产费用在完工产品和在产品之间进行分配并结转完工产品成本，剩余部分就是在产品成本。对于只生产一种产品，不要求计算在产品成本的成本明细账中归集的生产费用总额全部转入“库存商品”账户。结转完工产品成本时，还应根据完工产品的产量计算完工产品的单位成本。

我们已经对品种法的特点、适用范围及成本计算程序等内容作了介绍，下面举例说明这种方法的实际运用情况。

例 8-1 东风厂有一个基本生产车间，生产 A 产品和 B 产品。另外有一个为基本生产车间服务的供电车间。产品成本计算采用品种法，存货采用实际成本核算。该厂 2013 年 5 月份有关成本资料如下。

（1）投料方式和生产情况如表 8-2 所示。

表 8-2 投料方式和生产情况

产品名称	投料方式	计量单位	本月完工产品	月末在产品	
				数量	完工程度
A 产品	一次投料	件	400	200	50%
B 产品	一次投料	件	420	200	40%

本月A产品耗用工时5 000工时，B产品耗用工时3 000工时，生产费用在完工产品和月末在产品之间的分配采用约当产量法。

（2）月初在产品成本如表8-3所示。

表8-3 月初在产品成本

产品名称	摘 要	成本项目				合 计
		直接材料	直接人工	制造费用	燃料及动力	
A产品	月初在产品成本	20 000	10 000	5 000	5 000	40 000
B产品	月初在产品成本	40 000	20 000	10 000	10 000	80 000

（3）本月发生各项费用如下。

① 直接材料费用如表8-4所示。

表8-4 发料凭证汇总表

2013年05月　　元

材 料	基本生产		管理费用（修理）	制造费用	辅助生产（供电车间）	合 计
	A产品	B产品				
甲材料	100 000	200 000	1 000	10 000	2 000	313 000
乙材料	20 000	40 000	500	10 000	4 000	74 500
合 计	120 000	240 000	1 500	20 000	6 000	387 500

会计分录如下。

借：基本生产成本——A产品——直接材料　　120 000

——B产品——直接材料　　240 000

辅助生产成本——供电车间　　6 000

制造费用——基本生产车间——机物料消耗　　20 000

管理费用——修理费　　1 500

贷：原材料——甲材料　　313 000

——乙材料　　74 500

② 直接人工费用如表8-5所示。

表8-5 工资及福利费用分配表

2013年05月　　元

产品、部门、项目		应分配工资及福利费		
		应分配工资	应分配福利费	合 计
基本生产车间	A产品	100 000	14 000	114 000
	B产品	200 000	28 000	228 000
小 计		300 000	42 000	342 000

（续表）

产品、部门、项目		应分配工资及福利费		
		应分配工资	应分配福利费	合　计
辅助生产车间	供电车间	20 000	2 800	22 800
基本车间	管理人员	30 000	4 200	34 200
行政管理部门	管理人员	20 000	2 800	22 800
合　计		370 000	51 800	421 800

会计分录为如下。

借：基本生产成本——A 产品——直接人工　　114 000

　　　　　　　　——B 产品——直接人工　　228 000

　　辅助生产成本——供电车间　　22 800

　　制造费用——基本生产车间——工资及福利费　　34 200

　　管理费用——工资及福利费　　22 800

　　贷：应付职工薪酬——工资　　370 000

　　　　　　　　　　——职工福利　　51 800

③ 计提折旧费用如表 8-6 所示。

表 8-6　折旧费用分配表

2013 年 05 月　　元

使用部门	本月应提折旧额
生产车间	20 000
行政管理部门	5 000
供电车间	1 000
合　计	26 000

会计分录为如下。

借：辅助生产成本——折旧费　　1 000

　　制造费用——基本生产车间——折旧费　　20 000

　　管理费用——折旧费　　5 000

　　贷：累计折旧　　26 000

④ 转账摊销费用如表 8-7 所示。

表 8-7　摊销费用分配表

2013 年 05 月　　元

车间部门	摊销（报刊）费用
基本车间	1 000
管理部门	3 000
供电车间	200
合　计	4 200

会计分录为如下。

借：辅助生产成本——报刊费　　200

　制造费用——基本生产车间——报刊费　　1 000

　管理费用——报刊费　　3 000

　贷：预付账款——报刊费摊销　　4 200

⑤ 支付其他费用如表8-8所示。

表8-8　其他费用分配表

2013年05月　　元

部门 / 项目	办公费	修理费	劳保费	合　计
管理部门	3 000	500		3 500
生产车间	2 000		5 000	7 000
合　计	5 000	500	5 000	10 500

以银行存款直接支付的费用，会计分录如下。

借：制造费用——基本生产车间——办公费　　2 000

　　　　　　　　　　　　——劳保费　　5 000

　管理费用——办公费　　3 000

　　　　——修理费　　500

　贷：银行存款　　10 500

注：实际工作中，上述费用是分别按原始凭证取得时间逐笔进行账务处理的。

(4) 分配辅助费用如下。

本月供电车间共发生费用30 000元，全月用电总量31 000度，各部门耗电情况如表8-9所示，其中供电车间耗电1 000度，采用直接分配法分配辅助生产费用。

表8-9　辅助生产费用分配表

2013年05月　　元

车间(部门)		对外提供耗电总量(度)	电费总额	分配率	应分配辅助生产费用
基本车间	A产品	14 000		1	14 000
	B产品	12 000		1	12 000
	一般耗电	2 000		1	2 000
管理部门		2 000		1	2 000
合　计		30 000	30 000	1	30 000

会计分录如下。

借：基本生产成本——A产品——燃料及动力　　14 000

　　　　　　　——B产品——燃料及动力　　12 000

制造费用——基本生产车间——电费 2 000

管理费用——电费 2 000

贷:辅助生产本——供电车间 30 000

(5) 月末分配制造费用如下。

登记制造费用明细账如表8-10所示。

表8-10 制造费用明细账

2013年05月 元

摘 要	材料费	人工费	报刊费	折旧费	电 费	其 他	合 计
消耗材料	20 000						20 000
分配人工费		34 200					34 200
摊销报刊费			1 000				1 000
分摊电费					2 000		2 000
计提折旧				20 000			20 000
其他费用						7 000	7 000
本月合计	20 000	34 200	1 000	20 000	2 000	7 000	84 200
分配转出	20 000	34 200	10 00	20 000	2 000	7 000	84 200

本企业制造费用是按工时比例进行分配的,如表8-11所示。

表8-11 制造费用分配表(按工时比例分配)

2013年05月 元

产品名称	实耗工时	待分配制造费用总额	制造费用分配率	制造费用分配额
A产品	5 000			52 625
B产品	3 000			31 575
合 计	8 000	84 200	10.525	84 200

会计分录如下。

借:基本生产成本——A产品——制造费用 52 625

——B产品——制造费用 31 575

贷:制造费用——基本生产车间 84 200

(6) 采用约当产量法计算出完工产品成本及期末成本,并根据以上资料登记基本生产成本明细账,如表8-12、表8-13所示。

表8-12 基本生产成本明细账

产品名称:A产品

产品产量:400件 2013年05月 元

摘 要	成本项目				合 计
	直接材料	直接人工	制造费用	燃料及动力	
月初在产品成本	20 000	10 000	5 000	5 000	40 000

（续表）

摘　要	成本项目				合　计
	直接材料	直接人工	制造费用	燃料及动力	
发料凭证汇总表	120 000				120 000
工资及福利分配表		114 000			114 000
辅助生产费用分配表				14 000	14 000
制造费用分配表			52 625		52 625
合　计	140 000	124 000	57 625	19 000	340 625
完工产品	93 334	99 200	46 100	15 200	253834
完工产品单位成本	233.33	248	115.25	38	634.58
月末在产品成本	46 666	24 800	11 525	3 800	86 791

表 8-13　基本生产成本明细账

产品名称：B 产品

产品产量：420 件　　　　　　2013 年 05 月　　　　　　元

摘　要	成本项目				合　计
	直接材料	直接人工	制造费用	燃料及动力	
月初在产品成本	40 000	20 000	10 000	10 000	80 000
发料凭证汇总表	240 000				240 000
工资及福利分配表		228 000			228 000
辅助生产费用分配表				12 000	12 000
制造费用分配表			31 575		31 575
合　计	280 000	248 000	41 575	22 000	591 575
完工产品	189 678	208 320	34 923	18 480	451 401
完工产品单位成本	451.61	496	83.15	44	1 074.76
月末在产品成本	90 332	39 680	6 622	3 520	140 174

（7）计算月末在产品成本与完工产品成本，如表 8-14、表 8-15 所示。

表 8-14　在产品与完工产品成本分配表

产品名称：A 产品　　　　　　2013 年 05 月　　　　　　元

项　目	费　用	在产品约当产量	完工产量	分配率/（元/件）	完工产品成本	在产品成本
直接材料	140 000	200	400	140 000÷（200＋400）＝233.33	93 334	46 666
直接人工	124 000	100	400	124 000÷（400＋100）＝248	99 200	24 800

（续表）

项　目	费　用	在产品约当产量	完工产量	分配率/(元/件)	完工产品成本	在产品成本
燃料及动力	19 000	100	400	19 000÷(400+100)=38	15 200	3 800
制造费用	57 625	100	400	57 625÷(100+400)=115.25	46 100	11 525
合　计	340 625			634.58	253 834	86 791

表 8-15　在产品与完工产品成本分配表

产品名称:B 产品　　2013 年 05 月　　元

项　目	费　用	在产品约当产量	完工产量	分配率/(元/件)	完工产品成本	在产品成本
直接材料	280 000	200	420	280 000÷(200+420)=451.61	189 678	90 322
直接人工	248 000	80	420	248 000÷(420+80)=496	208 320	39 680
燃料及动力	22 000	80	420	22 000÷(420+80)=44	18 480	3 520
制造费用	41 575	80	420	41 575÷(420+80)=83.15	34 923	6 652
合计	591 575			1 074.76	451 401	140 174

结转完工产品成本,会计分录如下。

借:库存商品——A 产品　　253 834

　　　　　——B 产品　　451 401

　贷:基本生产成本——A 产品　　253 834

　　　　　　　　——B 产品　　451 401

任务三　分批法

任务目标

通过本任务的学习,你应该能够:

1. 了解分批法概念。
2. 了解分批法的特点和适用范围。
3. 了解分批法的计算程序。
4. 学会运用分批法。

知识要点

分批法{概念；特点和适用范围；计算程序}

业务认知

在任务二中，我们了解了品种法的计算步骤，下面介绍分批法的概念、特点、适用范围及计算程序。

一、分批法

（一）分批法概念、特点和适用范围

1. 分批法的概念

分批法，又称为订单法，是指按照产品的批别或订单来归集生产费用、计算产品成本的方法。

2. 分批法的特点

① 以产品的批别或订单作为成本计算对象。

② 成本计算期与生产周期一致，而与会计报告期不相一致。

这种成本计算方法通常要求在各批产品全面完工后进行，因此，成本计算期通常与会计报告期不一致。

③ 通常不存在生产费用在完工产品和月末在产品之间的分配。

由于上述前两个特点，月终各个批号产品成本明细账所归集的生产费用就有两种情况，一种是已经完工产品批号的成本，即产成品成本；另外一种是没有完工产品批号的成本，即月末在产品成本。因此，通常不存在生产费用在完工产品和月末在产品之间的分配。

④ 如果发生一批产品跨月完工，按定额单位成本、计划单位成本或最近一期相同产品的实际单位成本，计算转出完工产品成本。

3. 分批法的适用范围

分批法适用于小批单件且生产管理上不要求分步骤计算产品成本的多步骤生产。

（二）分批法的计算程序

1）根据各种原始凭证或通过费用分配汇总表，按规定的程序和方法，将各项生产费用记入按产品批别设置的生产成本明细账。

2）一批产品完工后，根据生产成本明细账所归集的成本费用总额和产成品数量，计算该批产品的总成本和单位成本。

3）对一批产品分次完工、出售的部分，可以采用按计划单位成本、定额单位成本或近期相同产品的实际单位成本计算完工产品成本，从产品成本明细账中转出。

例 8-2　东南公司设有一个基本生产车间，按生产任务通知单分批组织生产，属于小批生产组织类型的企业，采用分批法计算投产各批产品的生产成本。2013 年 5 月 1 日投产的甲产品 100 件，批号为 801＃，在 5 月份全部完工；5 月 10 日投产乙产品 150 件，批号 802＃，当月完工 40 件；5 月 15 日投产丙产品 200 件，批号为 803＃，尚未完工。

(1) 本月发生的各项费用如下。

① 801#产品耗用原材料160 000元;802#产品耗用原材料173 680元;803#产品耗用原材料235 040元;生产车间一般耗用原材料8 944元。

② 生产工人工资19 600元,车间管理人员工资2 100元。

③ 车间耗用外购的水电费2 400元,以银行存款付讫。

④ 计提车间负担的固定资产折旧费3 800元。

⑤ 车间负担的其他费用250元,以银行存款付讫。

其他有关资料如下。

① 该企业的职工福利费按工资总额的14%计提。

② 原材料采用实际成本核算。

③ 生产工人工资按耗用工时比例分配,其中:801#产品工时为18 000小时;802#产品工时为20 000小时;803#产品工时为11 000小时。

④ 制造费用也按耗用工时比例进行分配。

⑤ 802#产品完工40件按定额成本转出,802#产品定额单位成本为:直接材料1 100元,直接人工75元,制造费用60元。成本计算单应按产品的投产批别分别设置,如表8-16、表8-17、表8-18所示。

(2) 分配各项费用要素如下。

根据资料,编制费用分配表来分配各费用要素,编制会计分录如下。

① 编制原材料费用分配表,如表8-16所示。

表8-16　原材料费用分配表

2013年05月　　　　元

应借账户		成本或费用项目	材料实际成本
基本生产成本	801#产品	直接材料	160 000
	802#产品	直接材料	173 680
	803#产品	直接材料	235 040
小　计			568 720
制造费用	机物料消耗	材料费	8 944
合　计			577 664

会计分录为如下。

借:基本生产成本——801#产品　　160 000

　　　　　　　——802#产品　　173 680

　　　　　　　——803#产品　　235 040

　制造费用——基本生产车间——机物料消耗　　8 944

　贷:原材料　　577 664

② 编制工资及职工福利费分配表,如表8-17所示。

表 8-17　工资及职工福利费分配表

2013 年 05 月　　元

应借账户		工资				职工福利费(14%)	合计
		生产工人		其他人员	合计		
		工时	分配金额(分配率:0.4)				
基本生产成本	801#产品	18 000	7 200		7 200	1 008	8 208
	802#产品	20 000	8 000		8 000	1 120	9 120
	803#产品	11 000	4 400		4 400	616	5 016
	小计	49 000	19 600		19 600	2 744	22 344
制造费用				2 100	2 100	294	2 394
合计			19 600	2 100	21 700	3 038	24 738

会计分录如下。

借:基本生产成本——801#产品　　8 208

——802#产品　　9 120

——803#产品　　5 016

制造费用——基本生产车间——工资及福利费　　2 394

贷:应付职工薪酬——工资　　21 700

——职工福利　　3 038

③ 折旧费、水电费及其他费用核算如下。

A. 支付本月的水电费。

借:制造费用——基本生产车间——水电费　　2 400

贷:银行存款　　2 400

B. 提取固定资产折旧费。

借:制造费用——基本生产车间——折旧费　　3 800

贷:累计折旧　　3 800

C. 本月发生的其他费用。

借:制造费用——基本生产车间——其他费用　　250

贷:银行存款　　250

(3) 归集和分配基本生产车间的制造费用,如表 8-18、表 8-19 所示。

表 8-18　制造费用明细账

2013 年 05 月　　元

摘要	材料费	工资	福利费	水电费	折旧费	其他	合计
消耗材料	8 944						8 944
结算工资		2 100					2 100

(续表)

摘 要	材料费	工 资	福利费	水电费	折旧费	其 他	合 计
计提福利费			294				294
支付水电费				2 400			2 400
计提折旧					3 800		3 800
其他费用						250	250
本月合计	8 944	2 100	294	2 400	3 800	250	17 788
分配转出	8 944	2 100	294	2 400	3 800	250	17 788

表 8-19 制造费用分配表

2013 年 05 月 元

应借账户		成本项目	实用工时	分配率	应分配金额
基本生产成本	801#产品	制造费用	18 000		6 534
	802#产品	制造费用	20 000		7 260
	803#产品	制造费用	11 000		3 994
合 计			49 000	0.363	17 788

会计分录为如下。

借:基本生产成本——801#产品 6 534

——802#产品 7 260

——803#产品 3 994

贷:制造费用——基本生产车间 17 788

(4) 计算并结转完工产品成本,如表 8-20、表 8-21、表 8-22 所示。

表 8-20 基本生产成本明细账

批号:801# 开工日期:05 月 01 日

产品名称:801#产品 批量:100 件 完工:100 件 完工日期:05 月 30 日

摘 要	直接材料	直接人工	制造费用	合 计
材料分配表	160 000			160 000
工资福利分配表		8 208		8 208
制造费用分配表			6 534	6 534
合 计	160 000	8 208	6 534	174 742
结转完工产品成本	160 000	8 208	6 534	174 742
单位成本	1 600	82.08	65.34	174 742

表 8-21 基本生产成本明细账

批号:802#　　　　开工日期:05月10日

产品名称:802#产品　　批量:150件　　完工:40件　　完工日期:

摘 要	直接材料	直接人工	制造费用	合 计
材料分配表	173 680			173 680
工资福利分配表		9 120		9 120
制造费用分配表			7 260	7 260
合 计	173 680	9 120	7 260	190 060
结转完工产品成本	44 000	3 000	2 400	49 400
月末在产品成本	129 680	6 120	4 860	140 660

备注:完工产品成本采用定额成本法计算,其中:直接材料 40×1 100=44 000;直接人工 40×75=3 000;制造费用 40×60=2 400。

表 8-22 基本生产成本明细账

批号:803#　　　　开工日期:05月15日

产品名称:803#产品　　批量:200件　完工:　　完工日期:

摘 要	直接材料	直接人工	制造费用	合 计
材料分配表	235 040			235 040
工资福利分配表		5 016		5 016
制造费用分配表			3 994	3 994
合 计	235 040	5 016	3 994	244 050

根据成本计算单编制结转 801#、802#完工产品成本的会计分录。

借:库存商品——801#产品　　174 742

　　　　　——802#产品　　49 400

　贷:基本生产成本—801#产品　　174 742

　　　　　　　　—802#产品　　49 400

在实际工作中,也有的企业采用简化的产品成本计算分批法计算产品成本。简化的产品成本计算分批法,亦称累计间接费用分配法。采用这种方法,每月发生的各项间接费用,不是按月在各批产品之间进行分配,而是将其先分别累计起来,到产品完工时,按照完工产品累计工时的比例,在各批完工产品之间再进行分配。其计算公式如下。

全部产品累计间接费用分配率=全部产品累计间接费用÷全部产品累计工时

某批完工产品应负担的间接费用=该批完工产品累计工时×全部产品累计间接费用分配率

为了按月提供企业或车间全部产品的累计生产费用和累计工时(实际工时或已完成的定额工时)资料,必须设立产品成本二级账。

采用这种方法,仍应按照产品批别设立产品成本明细账,但在各批产品完工之前,账内只需按月登记直接费用和生产工时，而不必按月分配、登记各项间接费用，计算各批在产品成本，只有在有完工产品的那个月份，才按上列公式计算、登记完工产品成本。而全部产品的在产品成本则只以总数反映在产品成本二级账内。基于这种方法只对完工产品分配间接费用，而不分批计算在产品成本的特点，因而又称其为不分批计算在产品成本的分批法。这种方法只能在各月间接费用水平相差不多的情况下采用，否则就会影响各月产品成本计算的正确性。

例 8-3　南方厂小批生产多种产品，由于产品批次多，为简化成本计算，采用简化分批法——累计间接费用分配法计算成本。该企业 2013 年 5 月份的产品批号如下。

201 批：甲产品 10 件，3 月投产，本月完工。

202 批：甲产品 15 件，4 月投产，本月尚未完工。

211 批：乙产品 10 件，4 月投产，本月完工。

221 批：丙产品 5 件，5 月投产，本月尚未完工。

该企业设立的生产成本二级账，如表 8-23 所示。

表 8-23　生产成本二级账

2013 年 05 月　　元

月	日	摘　要	直接材料	工时记录	直接人工	制造费用	合　计
4	30	余　额	12 000	4 000	8 720	9 560	30 280
5	31	本月发生	8 500	3 000	8 780	11 440	28 720
5	31	累　计	20 500	7 000	17 500	21 000	59 000
5	31	累计分配率			2.5	3	
	31	完工转出	13 500	4 700	11 750	14 100	39 350
	31	余　额	7 000	2 300	5 750	6 900	19 650

直接人工累计分配率＝17 500÷7 000＝2.5（元/小时）

制造费用累计分配率＝21 000÷7 000＝3（元/小时）

本月完工转出直接材料＝4 500（见表 8-24）＋9 000（见表 8-26）＝13 500（元）

本月完工转出生产工时＝2 200（见表 8-24）＋2 500（见表 8-26）＝4 700（小时）

本月完工转出直接人工＝4 700（本月完工转出的生产工时）×2.5（直接人工累计分配率）＝11 750（元）

本月完工转出制造费用＝4 700×3＝14 100（元）

该企业设立的各批产品成本计算单如表 8-24、表 8-25、表 8-26、表 8-27 所示。

201 批甲产品直接人工成本＝2 200（累计生产工时）×2.5（直接人工累计分配率）＝5 500（元）

201 批甲产品制造费用成本＝2 200×3＝6 600（元）

201 批甲产品总成本＝4 500＋5 500＋6 600＝16 600（元）

表 8-24　成本计算单

产品批号：201　　购货单位：华西公司

产品名称：甲产品　　投产日期：03 月

批　　量：10 件　　完工日期：05 月

月	日	摘　要	直接材料	生产工时	直接人工	制造费用	合　计
3	31	本月发生	1 000	700			
4	30	本月发生	3 000	1 000			
5	31	本月发生	500	500			
5	31	累计数及累计分配率	4 500	2 200	2.5	3	
	31	本月完工产品转出	4 500	2 200	5 500	6 600	16 600
	31	完工产品单位成本	450		550	660	1 660

表 8-25　成本计算单

产品批号：202　　购货单位：华南公司

产品名称：甲产品　　投产日期：04 月

批　　量：15 件　　完工日期：

月	日	摘　要	直接材料	生产工时	直接人工	制造费用	合　计
4	30	本月发生	3 000	800			
5	31	本月发生	2 000	1 000			

202 批甲产品本月尚未完工，因此，其成本计算单中只登记 4、5 月份生产该批产品所发生的直接成本（直接材料）和生产工时。

表 8-26　成本计算单

产品批号：211　　购货单位：华东公司

产品名称：乙产品　　投产日期：04 月

批　　量：10 件　　完工日期：05 月

月	日	摘　要	直接材料	生产工时	直接人工	制造费用	合　计
4	30	本月发生	5 000	1 500			
5	31	本月发生	4 000	1 000			
5	31	累计数及累计分配率	9 000	2 500	2.5	3	
	31	本月完工产品转出	9 000	2 500	6 250	7 500	22 750
	31	完工产品单位成本	900		625	750	2 275

211 批乙产品直接人工成本＝2 500（累计生产工时）×2.5（直接人工累计分配率）

＝6 250（元）

211 批乙产品制造费用成本＝2 500×3＝7 500（元）

211 批乙产品总成本＝9 000＋6 250＋7 500＝22 750（元）

表 8-27　成本计算单

产品批号：221　　　　　　购货单位：华中公司
产品名称：丙产品　　　　　投产日期：05 月
批　　量：5 件　　　　　　完工日期：

月	日	摘　要	直接材料	生产工时	直接人工	制造费用	合　计
5	31	本月发生	2 000	500			

221 批丙产品本月尚未完工，因此，其成本计算单中只登记 5 月份生产该批产品所发生的直接成本（直接材料）和生产工时。

任务四　分步法

任务目标

通过本任务的学习，你应该能够：

1. 了解分步法概念。
2. 了解分步法的特点和适用范围。
3. 了解分步法的计算程序。
4. 学会运用分步法。

知识要点

分步法
- 概念
- 特点和适用范围
- 计算程序

业务认知

在任务三中，我们了解了分批法，那么一个企业在生产过程中，如何按产品步骤计算产品成本呢？下面介绍分步法的概念、特点、适用范围及计算程序。

一、分步法的概念和适用范围

1. 分步法的概念

分步法是指以产品的生产步骤作为成本计算对象来归集生产费用、计算产品成本的方法。分步法以是否计算半成品成本为标志，分为逐步结转分步法和平行结转分步法。

2. 适用范围

分布法的适用范围是大量大批多步骤生产。

二、逐步结转分步法

（一）逐步结转分步法的概念、特点和计算程序

1. 逐步结转分步法的概念

逐步结转分步法又称计算半成品成本分步法，是指按照产品加工的步骤，计算各步半成品成本，并随着各步半成品实物的转移，将各步半成品成本逐步结转至下一步骤，直至最后步骤计算出产成品成本的方法。

在这种方法下，上下步骤之间半成品成本的结转有两种方法，一种是综合结转法，另外一种是分项结转法。

2. 逐步结转分步法的特点

① 成本计算对象是各个步骤的半成品。

② 上一步骤完工半成品成本转移到下一个步骤产品成本中。

3. 逐步结转分步法的计算程序

1）根据各种原始凭证或通过费用汇总表，按品种法归集各步骤生产费用，记入半成品成本和各步骤产成品明细账。

2）将各步骤生产费用在完工半成品和期末在产品之间进行分配。

3）半成品成本随着半成品实物的转移而转移到下一个生产步骤中，直到最终算出产成品成本。

其程序图如图8-1所示，半成本明细账如表8-28所示。

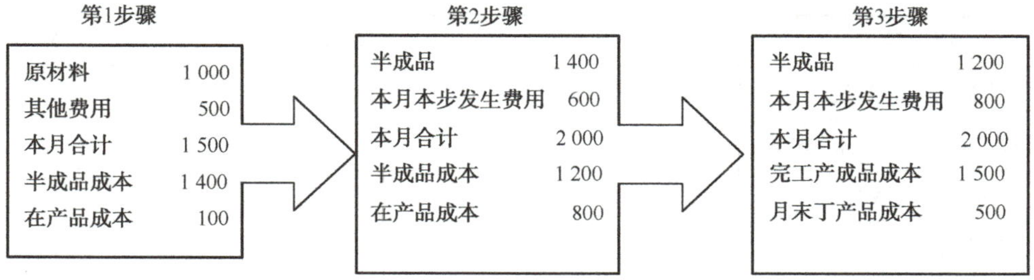

图8-1　逐步转结分步法程序图

表8-28　半成品明细账

第1步骤	月初余额	本月收入	本月发出
4月		1 400	1 400
5月	800		

（二）综合结转分步法

综合结转法就是不分成本项目将上一步骤半成品成本综合转入下步骤产品成本明细账中的“直接材料”或专设“半成品”项目中。

其流程图如图 8-2 所示。

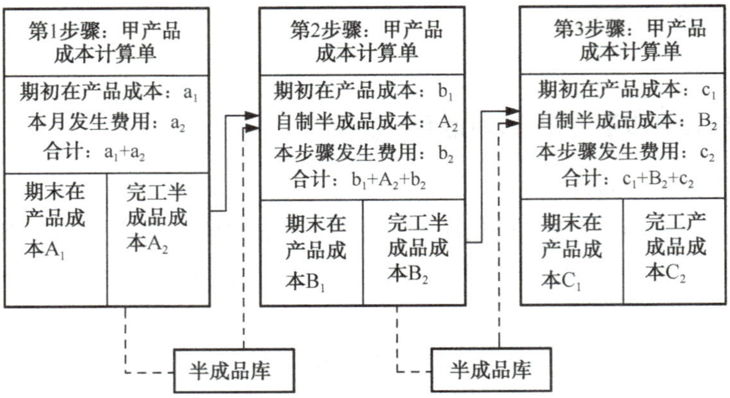

图 8-2　半成品成本综合结转分步法成本计算流程图

在实际工作中，如果半成品通过半成品库收发，需要设置“自制半成品”账户，否则，不许设置此账户。下面我们通过例题来看一下完整的计算程序。

例 8-4　某企业生产甲产品，生产过程分为 3 个步骤，第 1 步骤完工的 A 半成品，不通过半成品库收发，直接转给下一步骤继续进行加工 B 半成品；第 2 步骤完工 B 半成品直接转到第 3 步骤加工为甲产成品。各步骤的在产品采用约当产量法按实际成本计算，直接材料在第 1 步骤生产开始时一次投入，各步骤在产品的完工程度均为 50%。该企业 2013 年 3 月有关产量记录和成本资料，如表 8-29、表 8-30、表 8-31、表 8-32、表 8-33 所示。

表 8-29　产量记录

件

项　目	第 1 步骤	第 2 步骤	第 3 步骤
月初在产品数量	8	12	10
本月投产（或上步交来）数量	76	72	76
本月完工数量	72	76	80
月末在产品数量	12	8	6

表 8-30　成本资料

元

成本项目	月初在产品成本				本月生产费用			
	第 1 步骤	第 2 步骤	第 3 步骤	合　计	第 1 步骤	第 2 步骤	第 3 步骤	合　计
直接材料或半成品	64	180	200	444	608			
直接人工	8	18	40	66	148	222	292	662
制造费用	90	25	50	165	300	135	157.5	592.5
合　计	162	223	290	675	1 056			

该企业采用逐步结转(综合结转)分步法,计算甲产品的生产成本。

产成品成本计算过程如下。

表 8-31　第 1 步骤产品成本明细账

产品名称:A 半成品　　　　2013 年 03 月　　　　元

项　目	直接材料	直接人工	制造费用	合　计
月初在产品成本	64	8	90	162
本月发生费用	608	148	300	1 056
生产费用合计	672	156	390	1 218
完工产品数量/件	72	72	72	
在产品约当产量/件	12	6	6	
总约当产量/件	84	78	78	
单位成本/(元/件)	8	2	5	15
转出 A 半成品成本	576	144	360	1 080
月末在产品成本	96	12	30	138

计算过程如下。

第 1 步骤:半成品约当产量=12×50%=6(件)

① 直接材料费用的分配。

直接材料费用分配率=672÷(72+12)=8(元/件)

完工 A 半成品直接材料费用=72×8=576(元)

月末在产品直接材料费用=12×8=96(元)

② 直接人工费用的分配。

直接人工费用分配率=156÷(72+6)=2(元/件)

完工 A 半成品直接人工费用=72×2=144(元)

月末在产品直接人工费用=6×2=12(元)

③ 制造费用的分配。

制造费用分配率=390÷(72+6)=5(元/件)

完工 A 半成品制造费用=72×5=360(元)

月末在产品制造费用=6×5=30(元)

④ 会计分录如下。

借:基本生产成本——第 1 步骤 A 半成品　　　　1 080

　贷:原材料　　　　576

　　应付职工薪酬　　　　144

　　制造费用　　　　360

表 8-32　第 2 步骤产品成本明细账

产品名称：B 半成品　　2013 年 03 月　　元

项　目	半成品	直接人工	制造费用	合　计
月初在产品成本	180	18	25	223
本月发生费用	1 080	222	135	1 437
生产费用合计	1 260	240	160	1 660
完工半成品数量/件	76	76	76	
在产品约当产量/件	8	4	4	
总约当产量/件	84	80	80	
单位成本/(元/件)	15	3	2	20
转出完工 B 半成品成本	1 140	228	152	1 520
月末在产品成本	120	12	8	140

第 2 步骤：半成品约当产量＝8×50%＝4(件)

① A 半成品费用的分配。

半成品费用分配率＝1 260÷(76＋8)＝15(元/件)

完工 B 半成品中的 A 半成品费用＝76×15＝1 140(元)

月末在产品 A 半成品费用＝8×15＝120(元)

② 直接人工费用的分配。

直接人工费用分配率＝240÷(76＋4)＝3(元/件)

完工 B 半成品直接人工费用＝76×3＝228(元)

月末在产品直接人工费用＝4×3＝12(元)

③ 制造费用的分配。

制造费用分配率＝160÷(76＋4)＝2(元/件)

完工 B 半成品制造费用＝76×2＝152(元)

月末在产品制造费用＝4×2＝8(元)

④ 会计分录如下。

借：基本生产成本——第 2 步骤 B 半成品　　1 520

　　贷：基本生产成本——第 1 步骤 A 半成品　　1 140

　　　　应付职工薪酬　　228

　　　　制造费用　　152

表 8-33　第 3 步骤产品成本明细账

产品名称：甲产品　　2013 年 03 月　　元

项　目	半成品	直接人工	制造费用	合　计
月初在产品成本	200	40	50	290
本月发生费用	1 520	292	157.5	1 969.5

（续表）

项　目	半成品	直接人工	制造费用	合　计
生产费用合计	1 720	332	207.5	2 259.5
完工产品数量/件	80	80	80	
在产品约当产量/件	6	3	3	
总约当产量/件	86	83	83	
单位成本/(元/件)	20	4	2.5	26.5
转出甲产成品成本	1 600	320	200	2 120
月末在产品成本	120	12	7.5	139.5

第3步骤：半成品约当产量＝6×50%＝3(件)

① B半成品费用的分配。

半成品费用分配率＝1 720÷(80＋6)＝20(元/件)

完工产成品B半成品费用＝80×20＝1 600(元)

月末在产品B半成品费用＝6×20＝120(元)

② 直接人工费用的分配。

直接人工费用分配率＝332÷(80＋3)＝4(元/件)

完工产成品直接人工费用＝80×4＝320(元)

月末在产品直接人工费用＝3×4＝12(元)

③ 制造费用的分配。

制造费用分配率＝207.5÷(80＋3)＝2.5(元/件)

完工产成品制造费用＝80×2.5＝200(元)

月末在产品制造费用＝3×2.5＝7.5(元)

④ 会计分录如下。

借：库存商品——甲产品　　2 120

　贷：基本生产成本——第2步骤B半成品　　1 600

　　应付职工薪酬　　320

　　制造费用　　200

以上就是综合结转分步法的详细计算和账务处理过程，大家注意到没有，最后甲产品的成本构成都包括哪些内容？对，包括B半成品、第3步骤人工费用和第3步骤制造费用，这和我们以前学过的产品成本构成完全不一样，产品成本应该由直接材料、直接人工、制造费用等原始项目构成，那么我们怎么才能把综合结转法下的产品构成转化成由原始成本项目来反映呢？这就是我们下面要学习的知识——成本还原。

成本还原是将产品成本中的半成品成本，按照一定的标准逐步分解还原为按原始成本项目结构反映的成本。

还原方法是将本月产品所耗用的上一步骤半成品综合成本，按照本月生产该半成品的成本结构进行还原，计算出还原率，以还原率乘以本月上步骤完工转出半成品各个成本项目，就可以将半成品综合成本，还原为各个项目的成本，再加上还原前产成品成本中其他各项目成本，就是还原后的产成品成本。

还原率＝本月产成品耗用上一步骤半成品成本合计÷本月上一步骤所产半成品成本合计

产成品中耗用上步骤半成品还原为各成本项目金额＝还原率×上一步骤完工转出各成本项目金额

例 8-5　以例 8-4 为例，我们看一下成本还原计算过程。

第 1 步，将甲产品中所耗用 B 半成品进行成本还原。

完工甲产品成本金额 2 120 元，含 B 半成品成本 1 600 元，人工费用 320 元，制造费用 200 元。

第 2 步骤完工转出 B 半成品成本 1 520 元，其中含 A 半成品成本 1 140 元，人工费用 228 元，制造费用 152 元，计算如下。

还原率＝1 600÷1 520＝1.052 6

甲产品耗用 B 半成品中所含 A 半成品成本＝1.052 6×1 140＝1 200(元)

甲产品耗用 B 半成品中所含人工成本＝1.052 6×228＝240(元)

甲产品耗用 B 半成品中所含制造费用＝1.052 6×152＝160(元)

第 2 步，将甲产品中所耗用 A 半成品进行成本还原。

第 1 步骤完工转出 A 半成品成本 1 080 元，其中含原材料 576 元，人工费用 144 元，制造费用 360 元，还原如下。

还原率＝1 200÷1 080＝1.111 1。

甲产品耗用 A 半成品中所含原材料成本＝1.111 1×576＝640(元)

甲产品耗用 A 半成品中所含人工成本＝1.111 1×144＝160(元)

甲产品耗用 A 半成品中所含制造费用＝1.111 1×360＝400(元)

还原后甲产品成本如下。

直接材料＝640(元)

直接人工＝320＋240＋160＝720(元)

制造费用＝200＋160＋400＝760(元)

以上就是成本还原的计算过程，它是从最后一个步骤起，倒着往前一步步还原，还原次数为生产步骤次数减去 1。成本还原计算表如表 8-34 所示。

表 8-34　成本还原计算表

元

项　目	还原分配率	B 半成品成本	A 半成品成本	直接材料	直接人工	制造费用	合　计
① 还原前产成品成本	1.052 6	1 600			320	200	2 120
② 本期生产 B 半成品成本			1 140		228	150	1 520
③ 产成品中的 B 半成品成本还原		－1 600	1 200		240	160	
④ 本期生产 A 半成品成本				576	144	360	1 080

（续表）

项　目	还原分配率	B半成品成本	A半成品成本	直接材料	直接人工	制造费用	合　计
⑤ 产成品中的A半成品成本还原	1.111 1	−1 200		640	160	400	
⑥ 还原后产成品成本=①+③+⑤				640	720	760	2 120

以上是综合结转法及成本还原，下面我们学习一下分项结转法。

（三）分项结转分步法

1. 定义

分项结转分步法是指将各步骤所耗用的上一步骤半成品成本，按照成本项目分项转入各步骤产品成本明细账的各个成本项目中。

2. 适用范围

这种方法一般适用于管理上不要求分别提供各步骤完工产品所耗半成品费用和本步骤加工费用资料，但要求按原始成本项目反映产品成本的企业。

例 8-6　红旗工厂大量生产乙产品，经两个步骤连续加工制成。自制半成品通过仓库收发。原材料于生产开始时一次投入。每件产成品耗用1件半成品。月初在产品及自制半成品的成本资料，如表8-35所示。

表 8-35　月初在产品及自制半成品成本资料

元

项　目	数量/件	直接材料	直接人工	制造费用	成本合计
一车间月初在产品	20	2 100	300	280	2 680
二车间月初在产品	40	4 000	650	550	5 200
月初自制半成品	200	21 000	2 200	3 600	26 800

2013年6月份发生业务如下。

① 一车间投产500件，投入费用：直接材料52 500元，直接人工4 760元，制造费用7 540元。本月完工甲半成品400件，月末在产品120件。

② 二车间领用甲半成品300件（采用加权平均法计价），投入费用：直接人工4 200元，制造费用3 300元。本月完工甲产品260件，月末在产品80件。各步骤在产品按约当产量法计算，加工程度为50%。

计算如下。

① 计算一车间完工半成品和月末在产品成本。

直接材料分配率=(2 100+52 500)÷(400+120)=105(元/件)

完工甲半成品材料费用=400×105=42 000(元)

月末在产品材料费用=120×105=12 600(元)

直接人工分配率=(4 760+300)÷(400+120×50%)=11(元/件)

完工甲半成品人工费用＝400×11＝4 400（元）

月末在产品人工费用＝60×11＝660（元）

制造费用分配率＝（7 540＋280）÷（400＋120×50%）＝17（元/件）

完工甲半成品制造费用＝400×17＝6 800（元）

月末在产品制造费用＝60×17＝1 020（元）

会计分录如下。

借：自制半成品——第一车间甲半成品——直接材料　42 000
　　　　　　　　　　　　　　　　　——直接人工　4 400
　　　　　　　　　　　　　　　　　——制造费用　6 800
　贷：基本生产成本——第一车间甲半成品——直接材料　42 000
　　　　　　　　　　　　　　　　　　　——直接人工　4 400
　　　　　　　　　　　　　　　　　　　——制造费用　6 800

② 开设和登记各步骤基本生产成本明细账（见表8-36、表8-38）和自制半成品明细账（见表8-37）。

表8-36　基本生产成本明细账

产品名称：甲半成品　　　　车间名称：一车间　　　　元

摘　要	数量/件	直接材料	直接人工	制造费用	合　计
月初在产品成本	20	2 100	300	280	2 680
本步生产费用	500	52 500	4 760	7 540	64 800
累　计		54 600	5 060	7 820	67 480
完工产品成本	400	42 000	4 400	6 800	53 200
单位成本		105	11	17	133
月末在产品成本	120	12 600	660	1 020	14 280

表8-37　自制半成品明细账

名称：甲半成品　　　　元

摘　要	数量/件	直接材料	直接人工	制造费用	合　计
月初结存	200	21 000	2 200	3 600	26 800
入库	400	42 000	4 400	6 800	53 200
合计		63 000	6 600	10 400	80 000
单位成本		105	11	17.33	133.33
本月出库	300	31 500	3 300	5 200	40 000
月末结存	300	31 500	3 300	5 200	40 000

③ 计算完工产品和月末在产品成本。

第1步领用甲半成品，编制会计分录如下。

借：基本生产成本——甲产品——直接材料　31 500
　　　　　　　　　　　　——直接人工　3 300
　　　　　　　　　　　　——制造费用　5 200
　贷：自制半成品——第一车间甲半成品——直接材料　31 500
　　　　　　　　　　　　　　　　　　——直接人工　3 300
　　　　　　　　　　　　　　　　　　——制造费用　5 200

第2步计算完工产品和月末在产品成本。

直接材料分配率＝(4 000＋31 500)÷(260＋80)＝104.41(元/件)

完工甲产品材料费用＝(4 000＋31 500)－8 352.8＝27 147.2(元)

月末在产品材料费用＝104.41×80＝8 352.8(元)

直接人工分配率＝(650＋3 300＋4 200)÷(260＋80×50%)＝27.17(元/件)

完工甲产品人工费用＝(650＋3 300＋4 200)－1 086.8＝7 063.2(元)

月末在产品人工费用＝40×27.17＝1 086.8(元)

制造费用分配率＝(550＋5 200＋3 300)÷(260＋80×50%)＝30.17(元/件)

完工甲产品制造费用＝(550＋5 200＋3 300)－1 206.8＝7 843.2(元)

月末在产品制造费用＝40×30.17＝1 206.8(元)

会计分录如下。

借：库存商品——甲产品　42 053.6
　贷：基本生产成本——甲产品——直接材料　27 147.2
　　　　　　　　　　　　　　——直接人工　7 063.2
　　　　　　　　　　　　　　——制造费用　7 843.2

第3步开设和登记甲产品明细账。

表 8-38　基本生产成本明细账

产品名称：甲产品　　　　车间名称：二车间　　　　元

摘　要	数量/件	直接材料	直接人工	制造费用	合　计
月初在产品成本	40	4 000	650	550	5 200
领用甲半成品	300	31 500	3 300	5 200	40 000
本步生产费用			4 200	3 300	7 500
累计		35 500	8 150	9 050	52 700
完工产品成本	260	27 147.2	7 063.2	7 843.2	42 053.6
单位成本		104.41	27.17	30.17	161.75
月末在产品成本	80	8 352.8	1 086.8	1 206.8	10 632.8

三、平行结转分步法

（一）平行结转分步法的概念

平行结转分步法是指不随半成品实物的转移而结转，而是在哪一步骤发生就留在该步骤的成本明细账内，直到最后加工成产成品，才将其成本从各步骤的成本明细账转出的方法。

（二）平行结转分步法的特点

① 以产品生产步骤为成本计算对象设置生产成本明细账，在明细账中按原始成本项目设专栏，归集各步发生的生产费用，计算反映应计入产成品成本的份额。

② 各步半成品实物转移和价值转移相分离，即各步发生的生产费用并不随着半成品实物的转移而转移，而是留在本步的生产成本明细账中。这是因为平行结转分步法并不要求计算每步半成品成本，也不要求计算每步转移至下步的半成品成本。

③ 以月份为成本计算期。月末每步将本步发生的生产费用在最终产成品和本步广义在产品之间进行分配。这里的最终产成品是指经历了本步及其他步骤后完工的产品。广义在产品是指月末时本步尚未加工完成的在产品。生产费用的分配方法，可以采用约当产量比例法、定额法、定额比例法等。

（三）适用范围

这种方法适用于大量大批平行式多步骤生产或连续式多步骤生产但不要求计算半成品成本的企业。在这类企业中，倘若管理上并不要求计算各步耗用上步的半成品成本，那么，只需计算出本步生产费用应计入产成品成本的份额，并将各步的份额经汇总后平行结转给产成品成本即可。

（四）平行结转分步法成本计算程序如图 8-3 所示。

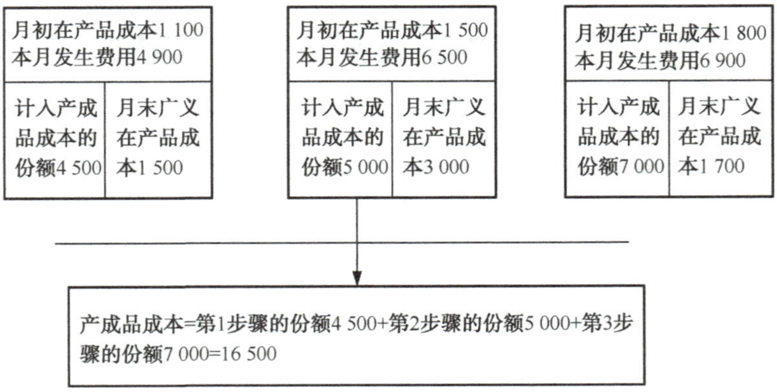

图 8-3　平行结转分布法成本计算程序

下面我们通过例题来学习一下这种方法。

例 8-7　某企业经过 3 个车间生产甲产品，直接材料在第一车间一次投入，采用平行结转分步法计算产品成本，各车间在产品完工率均为 50%。6 月份有关生产资料如表 8-39、表 8-40、表 8-41 所示。

表 8-39　产量资料

件

项　目	第一车间	第二车间	第三车间	合　计
月初在产品	20	50	30	100
本月投入量	700	680	670	700
本月完工量	680	670	690	690
月末在产品	40	60	10	110

表 8-40　期初在产品成本

元

项　目	第一车间	第二车间	第三车间	合　计
直接材料	2 800	—	—	2 800
直接人工	520	440	180	1 140
制造费用	420	380	85	885
合　计	3 740	820	265	4 825

表 8-41　本期发生成本

元

项　目	第一车间	第二车间	第三车间	合　计
直接材料	5 200	—	—	5 200
直接人工	4 160	5 400	2 600	12 160
制造费用	2 700	4 000	2 000	8 700
合　计	12 060	9 400	4 600	26 060

（1）第一车间成本计算结果，如表 8-42 所示。

表 8-42　成本计算单

完工产量：690 件

车间：第一车间　　　　　　　　　　　　　　　　　　在产品量：40 件

产品名称：甲产品　　　　　××年 06 月　　　　　　　元

成本项目	月初在产品成本	本月生产费用	合　计	单位成本	计入产成品成本	期末在产品成本
直接材料	2 800	5 200	8 000	10	6 900	1 100
直接人工	520	4 160	4 680	6	4 140	540
制造费用	420	2 700	3 120	4	2 760	360
合　计	3 740	12 060	15 800	20	13 800	2 000

① 直接材料费用的分配(材料在生产开始时一次投入)。

一车间直接材料费用分配的期初广义在产品数量＝40×100%＋50＋30＝120(件)

一车间直接材料费用的半成品单位阶段成本＝(2 800＋5 200)÷(680＋120)＝10(元/件)

一车间直接材料费用应计入产成品成本的份额＝690×10＝6 900(元)

一车间期末在产品直接材料成本＝(2 800＋5 200)－6 900＝1 100(元)

② 直接人工费用的分配(在产品完工率为50%)。

一车间直接人工费用分配的期末广义在产品数量＝40×50%＋50＋30＝100(件)

一车间直接人工费用的半成品单位阶段成本＝(520＋4 160)÷(680＋100)＝6(元/件)

一车间直接人工费用应计入产成品成本的份额＝690×6＝4 140(元)

一车间期末在产品直接人工成本＝(520＋4 160)－4 140＝540(元)

③ 制造费用的分配(在产品完工率为50%)。

计算原理与直接人工费用的分配完全相同(略)。

(2) 第二车间成本计算结果,如表8-43所示。

表8-43　成本计算单

完工产量:690件

车间:第二车间　　在产品量:60件

产品名称:甲产品　　××年06月　　元

成本项目	月初在产品成本	本月生产费用	合　计	单位成本	计入产成品成本	期末在产品成本
直接材料						
直接人工	440	5 400	5 840	8	5 520	320
制造费用	380	4 000	4 380	6	4 140	240
合　计	820	9 400	10 220	14	9 660	560

① 直接人工费用的分配(在产品完工率为50%)。

二车间直接人工费用分配的期初广义在产品数量＝60×50%＋30＝60(件)

二车间直接人工费用的半成品单位阶段成本＝(440＋5 400)÷(670＋60)＝8(元/件)

二车间直接人工费用应计入产成品成本的份额＝690×8＝5 520(元)

二车间期末在产品直接人工成本＝(440＋5 400)－5 520＝320(元)

② 制造费用的分配(在产品完工率为50%)。

计算原理与直接人工费用的分配完全相同(略)。

(3) 第三车间成本计算结果,如表8-44所示。

表8-44　成本计算单

完工产量:690件

车间:第三车间　　在产品量:10件

产品名称:甲产品　　××年06月　　元

成本项目	月初在产品成本	本月生产费用	合　计	单位成本	计入产成品成本	期末在产品成本
直接材料						

（续表）

成本项目	月初在产品成本	本月生产费用	合　计	单位成本	计入产成品成本	期末在产品成本
直接人工	180	2 600	2 780	4	2 760	20
制造费用	85	2 000	2 085	3	2 070	15
合　计	265	4 600	4 865	7	4 830	35

① 直接人工费用的分配(在产品完工率为50%)。

三车间直接人工费用分配的期初广义在产品数量＝10×50%＝5(件)

三车间直接人工费用的半成品单位阶段成本＝(180＋2 600)÷(690＋5)＝4(元/件)

三车间直接人工费用应计入产成品成本的份额＝690×4＝2 760(元)

三车间期末在产品直接人工成本＝(180＋2600)－2 760＝20(元)

② 制造费用的分配(在产品完工率为50%)。

计算原理与直接人工费用的分配完全相同(略)。

(4) 将一、二、三车间各成本项目应计入产成品成本的份额分别平行汇总，计算产成品成本。计算结果如表8-45所示。

表8-45　产成品成本汇总计算表

产成品量：690件

产品名称：甲产品　　　　××年06月　　　　元

项　目	直接材料	直接人工	制造费用	合　计
一车间转入成本	6 900	4 140	2 760	13 800
二车间转入成本	—	5 520	4 140	9 660
三车间转入成本	—	2 760	2 070	4 830
产成品总成本	6 900	12 420	8 970	28 290
产成品单位成本	10	18	13	41

结转完工产成品成本。

借：库存商品——甲产品　　　　28 290

　贷：基本生产成本——甲产品　　　　28 290

模块小结

1. 重点：熟练掌握各种成本计算方法及适用范围。
2. 难点：每种成本计算方法的计算程序。

思考与实践

1. 分组到不同类型工业企业去实习，了解每种成本计算方法的实际运用情况。
2. 通过本模块所学的知识，阐述一下自己实习企业所采用的成本计算方法是否合理。
3. 通知实习，分析一下如果企业采用不同的成本计算方法计算产品成本是否可行，对产品成本的计算结果有什么影响。

关键练习

一、名词解释

品种法　分批法　分步法　分项结转法　综合结转法　成本还原法

二、问答题

1. 什么是产品成本计算对象？怎样确定产品成本计算对象？

2. 产品成本计算的3个方法各自基本特点是什么？它们各适用于何种生产类型的生产？

3. 逐步结转分步法与平行结转分步法在成本结转上各有什么特点？

4. 在采用逐步结转分步法按综合结转法结转成本时为什么要进行还原？

三、计算分析题

1. 练习品种法

资料：川东公司为单步骤大量生产的企业，生产甲、乙两种产品，设有一个基本生产车间和供电、锅炉两个辅助生产车间。

(1) 2013年5月有关成本核算资料。

① 产量资料如表8-46所示。

表8-46　产品产量

件

产品名称	月初在产品	本月投产	本月完工产品	月末在产品
甲产品	150	1 050	800	400
乙产品	100	600	500	200

甲、乙两种产品实际生产工时分别为47 000小时和23 000小时，月末在产品完工程度均为50%。

② 月初在产品成本资料，如表8-47所示。

表8-47　月初在产品成本

元

产品名称	直接材料费用	直接人工费用	制造费用	合　计
甲产品	20 000	14 000	8 000	42 000
乙产品	120 00	8 000	4 000	24 000

③ 辅助生产车间劳务数量资料，如表 8-48 所示。

表 8-48　辅助生产车间劳务数量

供应部门	耗用部门					合　计
	基本生产车间产品耗用	基本生产车间一般耗用	企业管理部门耗用	供电车间耗用	锅炉车间耗用	
供电车间/度	200 000	10 000	60 000		30 000	300 000
锅炉车间/M^2		10 000	2 500	1 000		13 500

(2) 本月发生费用。

① 本月发出材料如表 8-49 所示。

表 8-49　发出材料汇总表

名称：原材料　　2013 年 05 月　　元

耗用部门	直接耗用	共同耗用	合　计
产品生产耗用	280 000	56 000	336 000
其中：甲产品	200 000		200 000
乙产品	80 000		80 000
生产车间一般耗用	5 000		5 000
供电车间耗用	60 000		60 000
锅炉车间耗用	13 000		13 000
企业管理部门耗用	6 000		6 000
合　计	364 000	56 000	420 000

② 本月工资及福利费资料，如表 8-50 所示。

表 8-50　工资及福利费汇总表

2013 年 05 月　　元

人员类别	应付工资额	计提福利费	合　计
产品生产工人	280 000	39 200	319 200
供电车间人员	12 000	1 680	13 680
锅炉车间人员	14 000	1 960	15 960
生产车间技术工人	8 000	1 120	9 120
企业管理部门人员	30 000	4 200	34 200
合　计	344 000	48 160	392 160

③ 本月应提折旧费 50 000 元，其中基本生产车间 30 000 元，供电车间 6 200 元，锅炉车间 4 800 元，企业管理部门 9 000 元。

④ 本月发生修理费用 2 800 元，其中供电车间 1 000 元，锅炉车间 1 000 元，企业管理部门 800 元。

⑤ 本月以现金支付办公费用 5 000 元，其中基本生产车间 3 000 元，供电车间1 200元，锅炉车间 800 元，企业管理部门 2 000 元。

⑥ 本月以银行存款支付水电费 60 000 元，其中基本生产车间 2 200 元，供电车间 32 000 元，锅炉车间 24 000 元，企业管理部门 1 800 元。

要求：

① 开设甲、乙产品生产成本明细账；开设供电、锅炉车间生产成本明细账；开设制造费用、管理费用明细账。

② 根据有关资料进行费用分配和成本计算，编制记账凭证并记入有关账户。具体要求如下。

A. 分配材料费用和人工费用。其中材料费用按甲、乙产品直接耗用的原材料比例分配；人工费用按甲、乙产品的实际生产工时比例分配。并分别编制记账凭证。

B. 编制计提折旧的记账凭证，并记入有关账户。

C. 编制本月修理费用分配表；编制以现金、银行存款支付其他费用的记账凭证。

D. 编制辅助生产费用分配表（采用直接分配法）；编制产品生产用电分配表（按生产工时分配）。并根据分配数，编制记账凭证，并登记辅助生产成本明细账。

E. 编制制造费用分配表（按生产工时分配）和记账凭证，并登记制造费用明细账。

F. 采用约当产量法分别分配甲、乙产品的生产费用（原材料一次性投入），同时结转本月完工的甲、乙产品成本。编制记账凭证，并登记有关账户（费用分配率保留 4 位小数）。

2. 练习分批法。

资料：某企业属单件小批多步骤生产企业，按购货单位要求小批生产甲、乙、丙 3 种产品，产品成本计算采用分批法，该企业 7 月份的有关成本计算资料如下。

(1) 各生产批别产量、费用资料。

① 901 号甲产品 50 件，5 月份投产，本月全部完工，5、6 两月累计费用为：直接材料 4 000元，直接人工 1 000 元，制造费用 1 200 元。本月发生费用为：直接人工 400 元，制造费用 500 元。

② 902 号乙产品 100 件，6 月份投产，本月完工 60 件，未完工 40 件，6 月份发生生产费用为：直接材料 60 000 元，直接人工 15 000 元，制造费用 13 000 元。本月发生费用为：直接人工 7 000 元，制造费用 6 000 元。

③ 903 号丙产品 7 件，本月份投产，尚未完工，本月发生生产费用为：直接材料20 000 元，工资福利费 5 600 元，制造费用 4 800 元。

(2) 其他资料。

① 3 种产品的原材料均在生产开始时一次投入。

② 902 号乙产品本月完工产品数量在批内所占比重较大（60%），根据生产费用发生情况，其原材料费用按照完工产品和在产品的实际数量比例分配外，其他费用采用约当产量比例法在完工产品和月末在产品之间进行分配，在产品完工程度为 50%。

要求：根据上述资料，采用分批法登记产品成本明细账，计算各批产品的完工成本和月末在产品成本。

3. 练习综合结转法分步法。

资料：某企业大量生产A产品，依次经过3个车间生产完成，第二车间在第一车间生产的甲半成品的基础上生产出乙半成品，第三车间将乙半成品加工成产成品。采用逐步结转分步法计算成本，半成品成本按综合成本结转。半成品在各个生产步骤之间直接结转，直接材料在第一车间一次投入。各生产步骤采用约当产量比例法在完工半成品与期末在产品之间分配成本。9月份的有关成本计算资料，如表8-51、表8-52所示。

表8-51　产量资料

件

项　目	第一车间	第二车间	第三车间
月初在产品	70	90	30
本月投产	180	150	200
本月完工	150	200	180
月末在产品	100	40	50

表8-52　成本资料

元

项　目	直接材料(第二、三车间为自制半成品)	直接人工	制造费用	合　计
1. 月初资料 第一车间	350	140	60	550
第二车间	660	180	160	1 000
第三车间	710	120	50	880
2. 本月发生 第一车间	900	400	300	1 600
第二车间		700	500	1 200
第三车间		300	160	460

各车间在产品完工率分别为30%、50%、60%。

要求：按半成品实际成本综合结转分步法计算A产品成本。

4. 练习成本还原法。

资料：某企业生产甲产品，分3个步骤进行生产。成本计算采用逐步结转分步法，上一车间向下一车间结转成本时采用综合结转法。5月份各步骤成本计算资料，如表8-53、表8-54、表8-55所示。

表8-53　第1步骤成本计算单

元

项　目	直接材料	直接人工	制造费用	合　计
月初在产品	25 000	6 250	5 000	36 250

（续表）

项　目	直接材料	直接人工	制造费用	合　计
本月发生费用	275 000	131 250	105 000	511 250
完工半成品成本	250 000	125 000	100 000	475 000
月末在产品成本	50 000	12 500	10 000	72 500

表 8-54　第 2 步骤成本计算单

元

项　目	半成品	直接人工	制造费用	合　计
月初在产品	95 000	20 000	15 000	130 000
本月费用	475 000	200 000	150 000	825 000
完工半成品成本	475 000	200 000	150 000	825 000
月末在产品成本	95 000	20 000	15 000	130 000

表 8-55　第 3 步骤成本计算单

元

项　目	半成品	直接人工	制造费用	合　计
月初在产品	330 000	40 000	30 000	400 000
本月费用	825 000	210 000	157 500	1 192 500
完工甲产品成本	907 500	220 000	165 000	1 292 500
月末在产品成本	247 500	30 000	22 500	300 000

要求：对甲产品进行成本还原，计算按原始项目反映的产品成本。

5. 练习分项结转法。

资料：某企业二车间 2013 年 5 月有关成本计算资料如下。

① 产量及完工程度资料，如表 8-56 所示。

表 8-56　产量及完工程度资料

项　目	数量/件		完工程度	
	合格品	废　品	合格品	废　品
月初在产品	100	—	50%	—
本月投产	260	—	—	—
本月完工	300	10	100%	100%
月末在产品	50	—	40%	—

直接材料在开工时一次全投，废品残值 140 元。

② 费用资料，如表 8-57 所示。

表 8-57　费用资料

元

摘　要	直接材料	直接人工	制造费用	废　品	合　计
月初在产品成本	1 800	700	900	—	3 400
本月本车间发生费用	780	1 680	2 240	—	4 700
上车间转入费用	3 900	1 040	1 300	300	6 540

要求:根据上述资料,试编制二车间的成本计算单,计算甲产品成本。

6. 练习平行结转分步法。

资料:某企业大量大批生产甲产品,分 3 个步骤分别由 3 个基本生产车间进行生产。一车间生产 A 半成品,二车间将 A 半成品加工成 B 半成品,三车间将 B 半成品加工成甲产品。每件甲产品耗用各步骤狭义半成品均为 1 件。原材料在生产开始时一次投入,月末各步骤狭义在产品完工程度均为 60%。该企业某年 10 月份有关产量和成本资料如下。

① 甲产品产量记录,如表 8-58 所示。

表 8-58　甲产品产量记录

件

项　目	第一车间	第二车间	第三车间
月初在产品	78	26	42
本月投入	382	420	412
本月完工	420	412	426
月末在产品	40	34	38

② 月初在产品成本资料,如表 8-59 所示。

表 8-59　月初在产品成本资料

元

项　目	直接材料	直接人工/小时	制造费用	合　计
第一车间	1 380	296	453	2 129
第二车间		320	226	546
第三车间		196	152	348

③ 本月生产费用资料,如表 8-60 所示。

表 8-60　生产费用资料

元

项　目	直接材料	直接人工/小时	制造费用	合　计
第一车间	3 820	932	1 390	6 142
第二车间		5 960	4 890	10 850
第三车间		3 540	3 100	6 640

要求:根据以上资料,采用平行结转分步法计算产品成本。

模块九

产品成本计算的辅助方法

模块导入

成本会计主管：张兴

嗨，大家好！我是成本会计主管张兴，在上一模块的任务中，我让大家学习了产品成本计算的3种基本方法。但是，在一些工业企业中，生产的产品品种、规格、型号繁多，如耐步公司专门生产各种运动服，有篮球服、足球服、羽毛球服、登山服等4大类，每一类运动服又根据尺寸大小的不同分若干种产品，因此，如果按照前述的产品品种等归集生产费用，计算产品成本，其计算工作极为繁重。在这种情况下，为了简化成本核算工作，我们有必要学习成本计算的两种辅助法：分类法、定额法。

通过这一模块的学习，我会让大家重点理解分类法和定额法的基本概念和适用范围，了解分类法和定额法的特点，掌握分类法和定额法的计算程序和账务处理方法。

任务一　产品成本计算的分类法

任务目标

通过本任务的学习，你应该能够：

1. 了解成本计算分类法的概念、特点和适用范围。
2. 掌握分类法的成本计算程序。
3. 掌握分类法的应用。

知识要点

分类法计算程序

业务认知

在模块八中，大家已经掌握了产品成本计算的3种基本方法，但是在实际工作中，还可以根据企业的情况采用一些产品成本计算的辅助方法，接下来先介绍在工作中如何应用第一种辅助方法——分类法。

一、分类法概述

（一）分类法的含义

产品成本计算分类法是指以产品类别为成本计算对象归集生产费用，计算出各类完工产品总成本，然后再采用一定的分配方法，将归集的生产费用在同类产品中分配，计算出类内各种产品成本的方法。

（二）分类法的适用范围

分类法与生产特点不存在直接关系，是成本计算的辅助方法。分类法主要适用于产品品种、规格、型号繁多，但可以按照一定的标准划分为若干类别的生产企业。例如，钢铁企业生产的各种型号和规格的生铁、钢锭及钢材，灯泡企业生产的各种不同种类和规格、型号的灯泡、灯管，针织企业生产的各种不同种类和规格、型号的针织品，食品企业生产的各种糖果、饼干、面包，以及电子元件企业生产的各种不同规格、型号的电子元件，等等。它们的生产特点虽然都不尽相同，但都可采用分类法计算产品成本。

（三）分类法的成本计算程序

分类法的成本计算程序归纳如下。

1）合理地划分产品的类别。采用分类法，首先要区分不同产品在耗用的原材料、生产工艺过程、性质、结构、用途等方面的差异，选择划分产品类别的显著标志，将产品划分成若干类别。

2）计算各类完工产品总成本。以划分好的产品类别为成本计算对象，按产品生产的特点和管理要求，相应地结合品种法、分批法、分步法等方法归集分配生产费用，并计算出各类完工产品的总成本。

3）计算类内各种产品的成本。在计算出各类完工产品的总成本以后，要采用适当的分配标准进一步在同类的各种产品之间进行成本的分配。

采用分类法计算产品成本，每类产品内各产品的生产费用不论是间接计入费用还是直接计入费用，都按一定的标准进行分配计算，因此，包括领料凭证、工时记录和各种费用分配表都应按照产品类别填列，基本生产成本明细账也按产品类别开设，从而合并了成本计算对象，从很大程度上简化了成本计算工作，而且也有利于分类掌握产品成本水平。

（四）分类法的特点

分类法的特点主要表现在以下几个方面。

① 分类法以产品的类别作为成本计算对象，以此来设置基本生产成本明细账。

② 选择合理的分配标准，在每类产品的各种产品之间分配费用，计算每类产品内各种产品的成本。同类产品内各种产品分配费用的标准，包括定额消耗量、定额费用、售价及产品的体积、长度和重量等。选择分配准时，应考虑分配标准是否与产品成本的高低关系密切。各成本项目可采用同一分配标准，也可以按照成本项目的性质分别采用不同的分配标

准分配，以使分配结果更合理。为了简化核算，可将分配标准折算成相对固定的系数进行分配。

③ 标准产品的选择。采用分类法计算各类产品成本时，可以在每类产品中选择一种产品作为标准产品。标准产品应具有生产稳定、产量较大、规格适中等特点。计算时，将标准产品的单位系数确定为“1”，与其他规格的单位产品比较，求出各种规格产品的单位系数。单位系数确定后，将各种产品实际产量按单位系数折算为标准产量或总系数，再按标准产量或总系数计算出分配率，进而求出该类产品的总成本和单位成本。

二、分类法举例

例 9-1　耐步公司生产的篮球运动服有 M、L、XL、XXL4 种不同尺寸，因 4 种产品的结构、所耗用原材料和生产工艺过程相近，所以把篮球运动服作为一类计算成本。该类产品的直接材料费用按照各种产品的直接材料费用系数进行分配；直接材料费用系数按直接材料费用定额确定，该企业规定以 XL 这款篮球服为标准产品。根据各该产品所耗各种原材料的消耗定额、计划单价及费用定额，编制直接材料费用系数计算表，如表 9-1 所示。

表 9-1　各种产品直接材料费用系数计算表

产品类别：篮球服　　　　2013 年 05 月　　　　元

产品名称	单位产品原材料费用				直接材料费用系数
	原材料名称或编号	消耗定额/千克	计划单价	费用定额	
M	1010	8	2	16	$\frac{40}{50}=0.8$
	2020	2	5	10	
	3030	14	1	14	
	合　计	×	×	40	
L	1010	9	2	18	$\frac{45}{50}=0.9$
	2020	2	5	10	
	3030	17	1	17	
	合　计	×	×	45	
XL	1010	10	2	20	$\frac{50}{50}=1$
	2020	2	5	10	
	3030	20	1	20	
	合　计	×	×	50	
XXL	1010	11	2	22	$\frac{55}{50}=1.1$
	2020	2	5	10	
	3030	23	1	23	
	合　计	×	×	55	

只要上列各种产品所消耗的原材料的品种、规格、定额和原材料计划单价没有发生变动，这些产品的直接材料费用系数就不应变更。

假定该企业的此类产品成本明细账，如表9-2所示。

表9-2　分类产品成本明细账

产品类别：篮球服　　2013年05月　　元

月	日	摘　要	直接材料	直接人工	制造费用	合　计
		月初在产品成本	15 000	22 000	14 000	51 000
		本月发生费用	91 000	134 000	87 000	312 000
		生产费用合计	106 000	156 000	101 000	363 000
		结转本月完工产品成本	93 600	142 200	94 800	330 600
		月末在产品成本	12 400	13 800	6 200	32 400

该企业规定，此类产品各种产品之间的直接人工和制造费用均按各种产品的定额工时比例分配。其工时定额为：M款18小时，L款19小时，XL款20小时，XXL款21小时。当月实际产量为：M款1 000件，L款2 000件，XL款3 000件，XXL款2 000件。根据各种产品的产量、直接材料费用系数，以及分类产品成本明细账中的当月产成品成本资料，编制类内完工产品成本计算表，如表9-3所示。

表9-3　类内完工产品成本计算表

产品类别：篮球服　　2013年05月　　元

产品名称	产量/件	直接材料系数	直接材料总系数	工时消耗定额	定额工时	直接材料	直接人工	制造费用	总成本	单位成本
	①	②	③=①×②	④	⑤=①×④	⑥=③×12	⑦=⑤×0.9	⑧=⑤×0.6	⑨=⑥+⑦+⑧	⑩=⑨÷①
费用分配率	×	×	×	×	×	12	0.9	0.6	×	×
M	1 000	0.8	800	18	18 000	9 600	16 200	10 800	36 600	36.6
L	2 000	0.9	1 800	19	38 000	21 600	34 200	22 800	78 600	39.3
XL	3 000	1	3 000	20	60 000	36 000	54 000	36 000	126 000	42
XXL	2 000	1.1	2 200	21	42 000	26 400	37 800	25 200	89 400	44.7
合　计	×	×	7 800	×	158 000	93 600	142 200	94 800	330 600	×

在表9-3中，各成本项目专栏的合计金额是分配计算的对象，应根据该类产品成本明细账中结转本月完工产品成本填列。表中直接材料的总系数，是产量与直接材料系数的乘积，是各种产成品之间分配直接材料费用的依据；定额工时是产量与单位工时消耗定额的乘积，是分配直接人工费用和制造费用的依据。表中各种费用的分配率，按下列算式计算。

$$直接材料费用分配率=\frac{93\ 600}{7\ 800}=12(元/件)$$

$$直接人工费用分配率=\frac{142\ 200}{158\ 000}=0.9(元/小时)$$

$$制造费用分配率=\frac{94\ 800}{158\ 000}=0.6(元/小时)$$

直接材料费用分配率乘以各种产品的直接材料总系数，即为该产品的直接材料费用；直接人工费用分配率和制造费用分配率，分别乘以各种产品的定额工时，即为该产品的直接人工费用和制造费用。

任务二 产品成本计算的定额法

任务目标

通过本任务的学习，你应该能够：

1. 掌握成本计算定额法的概念及计算原理。
2. 认识成本计算定额法的作用。
3. 了解定额法的成本计算程序。
4. 掌握直接材料、直接人工和制造费用脱离定额差异的计算。
5. 掌握定额变动差异和材料成本差异的计算。
6. 掌握各种成本差异在本月完工产品与月末在产品之间的分配。

知识要点

定额法计算程序

业务认知

在任务一中，大家了解了产品成品计算的分类法，在实际工作中，有些企业还可以采用产品成本计算的另一种辅助方法——定额法。

接下来介绍定额法在实际工作中的应用。

一、定额法概述

（一）定额法的含义及适用范围

定额法是以产品品种（类别）作为成本计算对象，根据产品的实际产量，核算产品的定额（或预算）生产费用和脱离定额（或预算）差异、定额变动差异，然后用完工产品的定额成本加减脱离定额差异和定额变动差异，计算出完工产品实际成本的一种方法。计算公式如下。

实际成本＝定额成本±脱离定额差异±材料成本差异±定额变动差异

采用前述的各种产品成本计算方法——品种法、分批法、分步法和分类法时，生产费用的日常核算都是按照生产费用的实际发生额进行的，产品的实际成本，也都是根据实际生产费用计算的。这样，生产费用和产品成本实际与定额之间的差异及发生的原因，只有在月末通过实际资料和定额资料的对比、分析，才能得以揭示。这时，差异已经形成，属于反馈控制，不便于及时对产品成本进行事前与事中的控制和管理，不能更有效地发挥成本核算在节约费用，降低成本中的重要作用。

产品成本计算的定额法，是为了克服上述几种成本计算方法的一些缺陷所进行的事前控制。即在生产费用发生的当时，就揭示出实际和定额之间的差异及原因，以便加强成本管理而采用的一种成本计算方法。其主要特点是以事前制定产品的消耗定额、费用预算和定额成本为基础，控制生产费用的实际支出和产品成本的形成，并随时查明脱离定额的差异及原因，以求降低产品成本。因此，需要在费用发生当时分别反映符合定额的耗费和脱离定额的差异，然后再按实际产量计算其定额成本，加减各种成本差异，计算产品的实际成本，为成本的定期考核和分析提供标准。

综上所述，定额法不仅是一种产品成本计算的方法，更重要的还是一种对产品成本进行直接控制与管理的方法。但是，定额法不是一种独立的成本计算方法，进行成本计算时必须与前述品种法、分批法、分步法等成本计算方法结合运用。

定额成本的制定应视企业的具体情况来选择。当产品的零、部件不多时，一般先制定零件的定额成本，然后再汇总计算部件的定额成本，最后汇总制定产品的定额成本；如果产品的零、部件较多，为了简化成本计算工作，可以不计算零件的定额成本，而直接根据零件定额卡所列的零件原材料消耗定额、工序计划和工时消耗定额，以及原材料的计划单价、计划工资率和计划制造费用率等，计算部件定额成本，然后汇总计算产成品定额成本；或者根据零、部件定额卡和原材料计划单价、计划工资率和计划制造费用率等，直接计算产成品定额成本。

定额法适用于产品品种不多，规格、型号、工艺、加工过程比较稳定，定额管理制度比较健全，各项消耗定额比较准确、稳定，成本核算工作基础较好的企业。

（二）定额法的成本计算程序

在定额法下，产品实际成本的计算公式如下。

产品实际成本＝按现行定额计算的产品定额成本＋脱离现行定额差异＋月初在产品定额变动差异＋原材料或半成品成本差异

现将定额法下的一般计算程序说明如下。

1）采用定额法计算产品成本，必须首先制定产品的原材料、动力、工时等消耗定额，并根据各项消耗定额和原材料的计划单价、计划小时工资率、计划制造费用分配率（计划每小时制造费用）等资料，计算产品的各项费用定额和产品的单位定额成本。

2）根据实际产量核算产品的定额生产费用和实际生产费用之间的差异，即脱离定额的差异。

3）在完工产品定额成本的基础上，加减脱离定额差异和定额变动差异，计算出完工产品的实际成本。

二、定额成本的计算

定额成本的计算，通常是通过编制定额成本计算表来进行的。定额成本计算表一般是由计划部门会同生产部门，财会部门共同编制。定额成本应分成本项目制定，所用的成本项目和计算方法，应与编制计划成本、计算实际成本时所采用的成本项目和成本计算方法一致，以便于进行成本考核和成本分析工作。

单位产品直接材料定额成本＝$\sum$(产品原材料消耗定额×原材料计划单价)

单位产品直接人工定额成本＝产品工时消耗定额×生产工人工资计划单价

单位产品制造费用定额成本＝产品工时消耗定额×制造费用的计划单价

上述各项费用额的合计数，就是单位产品的定额成本，单位产品的定额成本乘以实际产量即为总定额成本。

例 9-2　某企业大量生产 A 产品，生产 A 产品过程中用到甲、乙两种材料，采用定额法计算产品成本，本月单位产品定额资料及定额成本计算，如表 9-4 所示。

表 9-4　单位产品定额成本计算表

产品名称：A 产品　　　　2013 年 05 月　　　　元

项　目	材料消耗定额/千克	工时消耗定额	计划单价	金　额
直接材料	×	×	×	×
其中：甲材料	20	×	8	160
乙材料	25	×	4	100
直接人工	×	60	3	180
制造费用	×	50	2	100
单位定额成本	×	×	×	540

单位产品直接材料定额成本＝20×8＋25×4＝260(元)

单位产品直接人工定额成本＝60×3＝180(元)

单位产品制造费用定额成本＝50×2＝100(元)

A 产品单位定额成本＝260＋180＋100＝540(元)

三、脱离定额差异的核算

脱离定额差异是各项生产费用的实际支出脱离现行定额或预算的数额。要加强生产耗费的日常控制，必须进行脱离定额差异的日常核算，及时分析差异发生的原因，明确差异的责任，并及时地采取措施进行处理：属于实际消耗中存在的浪费和损失等问题，应制止发生或防止以后再次发生；属于定额脱离实际，应按规定调整、修订定额。这样才能将生产耗费控制在既先进又切实可行的定额范围之内，节约生产耗费、降低产品成本。因此，及时、正确地核算和分析生产费用脱离定额的差异，控制生产费用支出，是定额法的重要内容。

（一）直接材料脱离定额差异的计算

在产品成本的各项目中，直接材料费用一般占有较大的比重，而且属于直接费用，因而更有必要在费用发生的当时就按产品计算定额费用和脱离定额差异，加强控制。

直接材料脱离定额差异的计算可以采用限额法。

采用这种方法，在定额范围内的原材料应根据限额领料单领取；因生产任务增加而追加的用料，经办理追加限额手续后，仍可使用限额领料单领取。如果由于其他原因超额领料，应另行填制超额领料单，并经有关部门审批后才能领用。因此，超额领料单上的金额，就是原材料脱离定额差异的超支数；反之，如果限额领料单有结余，或者产品完工后，有多余的材料，车间应编制退料单，退回多余材料，那么限额领料单上的余额和退料单中的数额均为原材料脱离定额差异的节约数。计算公式如下。

直接材料脱离定额差异＝（原材料实际消耗量－原材料定额消耗量）×原材料计划单价

例 9-3　假设某企业本月生产 A 产品实际完工 200 件，有关材料定额费用及脱离定额差异资料，如表 9-5 所示。

表 9-5　直接材料定额费用及脱离定额差异汇总表

产品名称：A 产品　　　　2013 年 05 月　　　　元

材料名称	计量单位	计划单价	定额			实际耗用		脱离定额差异	
			单位产品定额消耗量	消耗定额	金额	耗用量	金额	数量	金额
甲材料	千克	8	20	4 000	32 000	3 000	24 000	－1 000	－8 000
乙材料	千克	4	25	5 000	20 000	6 000	24 000	1 000	4 000
合　计	×	×	×	×	52 000	×	48 000	×	－4 000

甲材料脱离定额差异＝（3 000－4 000）×8＝－8 000（元）

乙材料脱离定额差异＝（6 000－5 000）×4＝4 000（元）

需要注意的是，在实际工作中，限额领料单上反映的仅仅是领用材料的数量，而不是实际耗用材料的数量。在这种情况下，其所反映的差异是领料的差异，而不是耗料的差异，此外，车间投产的数量，不一定就等于限额领料单所规定的产品数量，车间中往往还有期初和期末余料，并且期初余料和期末余料不可能总是相等的。因此，在采用限额法时应该考虑这些因素。

（二）直接人工脱离定额差异的计算

直接人工脱离定额差异的计算方法，因采用工资形式的不同而有所不同，现按计件工资和计时工资分别说明如下。

在计件工资形式下，生产工人工资属于直接计入费用，其脱离定额差异的计算与原材料脱离定额差异的计算相类似，符合定额的生产工人工资，应该反映在产量记录中，脱离定额的差异通常反映在专设的补付单等差异凭证中。工资差异凭证也应填明原因，并应办理一定的审批手续。

计算公式如下。

直接人工脱离定额差异＝产品实际发生的直接人工费用－（产品实际产量×单位产品直接人工费用定额）

在计时工资制下，直接人工一般为间接计入费用，脱离定额差异不能在平时按照产品直接计算，要等到月末实际直接人工费用总额和产品生产总工时确定以后才能计算出来。有关计算公式如下。

$$\text{单位小时定额工资（计划单价）}=\frac{\text{某车间计划产量的定额生产工人工资总额}}{\text{该车间计划产量的定额生产工时总数}}$$

$$\text{单位小时实际工资（实际单价）}=\frac{\text{某车间实际生产工人工资总额}}{\text{该车间实际生产工时总数}}$$

该产品定额直接人工费用＝该产品实际产量的定额生产工时×单位小时定额工资

该产品实际直接人工费用＝该产品实际生产工时×单位小时实际工资

该产品直接人工费用脱离定额差异＝该产品实际直接人工费用－该产品定额直接人工费用

例 9-4　承上例，假设某企业本月生产 A 产品实际完工 200 件，每件定额工时为 60 小时，共计 12 000 工时，定额生产工人工资总额为 36 000 元，实际产量与计划产量相等，实际耗用工时总数为 12 200 工时，本月实际发生工人工资总额为 39 040 元，计算该企业生产 A 产品的工资脱离定额差异，有关直接人工定额费用及脱离定额差异资料，如表 9-6 所示。

表 9-6　直接人工定额费用及脱离定额差异表

产品名称：A 产品　　　　2013 年 05 月　　　　元

产品名称	直接人工定额费用			实际人工费用			脱离定额差异
	定额工时	计划单价	直接人工定额费用	实际工时	实际单价	实际人工费用	
A 产品	12 000	3	36 000	12 200	3.2	39 040	3 040

$$\text{单位小时定额工资（计划单价）}=\frac{36\ 000}{12\ 000}=3\text{（元/小时）}$$

$$\text{单位小时实际工资（实际单价）}=\frac{39\ 040}{12\ 200}=3.2\text{（元/小时）}$$

A 产品直接人工脱离定额差异＝（12 200×3.2）－（12 000×3）＝3 040（元）

（三）制造费用脱离定额差异的计算

制造费用属于间接费用，在日常核算中，一般不能在费用发生时就直接按产品确定其脱离定额的差异，只能根据制定的费用计划，到月末将实际发生的制造费用分配到各产品后，经比较才能确定各产品的制造费用脱离定额差异。因此其脱离定额差异的计算方法可以比照直接人工费脱离定额差异的计算方法。

$$单位小时定额制造费用=\frac{制造费用计划总额}{定额工时总数}$$

$$单位小时实际制造费用=\frac{制造费用实际总额}{实际工时总数}$$

某产品实际制造费用＝该产品实际总工时×单位工时实际制造费用

某产品定额制造费用＝该产品实际产量×单位产品定额工时×单位工时定额制造费用

该产品制造费用脱离定额的差异＝该产品实际制造费用－该产品定额制造费用

例 9-5　承上例，假设生产A产品定额制造费用为24 000元，实际产量与计划产量相等，实际耗用工时总数为12 200工时，本月实际发生制造费用21 960元，计算该企业生产A产品的制造费用脱离定额差异。制造费用定额及脱离定额差异表，如表9-7所示。

表 9-7　制造费用定额及脱离定额差异表

产品名称：A产品　　　　2013年05月　　　　元

产品名称	定额制造费用			实际制造费用			脱离定额差异
	定额工时	计划单价	定额制造费用	实际工时	实际单价	实际制造费用	
A产品	12 000	2	24 000	12 200	1.8	21 960	－2 040

$$单位小时定额制造费用（计划单价）=\frac{24\ 000}{12\ 000}=2（元/小时）$$

$$单位小时定实际制造费用（实际单价）=\frac{21\ 960}{12\ 200}=1.8（元/小时）$$

A产品制造费用脱离定额差异＝21 960－24 000＝－2 040（元）

由上可知，制造费用脱离定额差异同样受每小时制造费用和单位产品生产工时影响，因此，要控制产品的制造费用不超过定额，不仅需要控制制造费用总额不超过计划，还需要控制单位产品的生产工时不超过定额。

在定额成本法下，因为产品的生产费用是按照定额费用和脱离定额差异分别计算的，而且直接材料、直接人工、制造费用脱离定额差异既可能是正数（实际大于定额），也可能是负数（实际小于定额），所以产品的实际成本就可以根据产品的定额成本加上或减去脱离定额差异计算求得。计算公式如下。

产品实际成本＝产品定额成本±脱离定额差异

四、材料成本差异的分配

采用定额法计算产品成本的企业，如果材料的日常核算是按计划成本计价组织核算的，还必须考虑材料成本差异额的计算。因为直接材料费用定额成本和脱离定额的差异都是按照原材料的计划成本计算的，所以在月末计算产品的实际材料费用时，应当根据材料成本差异率计算出材料成本差异额，其计算公式如下。

某产品应分配的材料成本差异=(该产品材料定额成本±材料脱离定额差异)×材料成本差异率

例 9-6 假设例 9-2 中甲材料成本差异率为 2%，乙材料成本差异率为 1%，计算该企业 A 产品应分配的材料成本差异额。

A 产品应分配甲材料成本差异额=(32 000－8 000)×2%=480(元)

A 产品应分配乙材料成本差异额=(20 000＋4 000)×1%=240(元)

A 产品应分配直接材料成本差异=480＋240=720(元)

A 产品的直接材料实际成本=48 000＋720=48 720(元)

因此，在定额法下，当没有定额变动的情况时，产品的实际成本可根据下列公式计算。

实际成本=定额成本±脱离定额差异±材料成本差异

五、定额变动差异的核算

定额变动差异是指由于修订消耗定额而产生的新旧定额之间的差额。它表明企业生产技术提高和生产组织改善对定额影响的程度，是定额本身变动的结果，与生产费用支出的节约或超支无关。

在实际工作中，修改定额之后的新定额，通常是在年初或月初实施的。当月投入生产产品的各项定额成本，理所当然地都应按新定额计算。这时，如果月初有在产品，其成本原来是按旧定额计算的，必须将其定额成本按新定额调整后，才能与本月投入生产产品的定额成本相加。因此，必须按成本项目计算定额变动差异，对这项定额变动差异，一方面应调整月初在产品定额成本，另一方面又应调整本月产品成本。这两方面的调整，金额相等、方向相反。实际上，完工产品和在产品的成本总额不变，只是内部表现形式的改变。在消耗定额下降时，减少了定额成本，增加了定额变动差异。因此，一方面应从月初在产品定额成本中扣除，另一方面又应将该项差异计入当月生产费用。在消耗定额提高时，增加了定额成本，减少了定额变动差异。因此，一方面应把这项差异加到月初在产品定额成本中去，另一方面又应从当月生产费用中扣除这项差异。

在定额变动的月份，对于月初在产品定额变动差异的计算，通常有两种方法可以选择，一是根据定额变动月份月初在产品的盘存数量和费用定额，确定定额变动差异。这种方法计算的结果比较准确，但在构成产品零、部件较多的情况下，工作量较大。这种方法主要适用于零部件生产不成套或成套性较差的情况下定额变动差异的计算。第二种方法则是系数法，即根据新旧定额计算单位产品的定额变动系数，然后根据系数计算月初在产品定额变动差异，计算公式如下。

$$\text{定额变动系数}=\frac{\text{按新定额计算的单位产品定额成本}}{\text{按旧定额计算的单位产品定额成本}}$$

月初在产品定额变动差异=按旧定额计算的月初在产品定额成本×(1－定额变动系数)

例 9-7 承上例，某企业生产的 A 产品当月月初在产品 20 件，其中甲材料单位消耗定额为 25 千克，现调整为 20 千克；乙材料单位消耗定额为 32 千克，现调整为 25 千克；其他资料如表 9-4 所示，计算定额变动差异。

A 产品中甲材料定额变动差异 $=20\times20\times8\times\left(1-\frac{20}{25}\right)=640$（元）

A 产品中乙材料定额变动差异 $=20\times25\times4\times\left(1-\frac{25}{32}\right)=437.5$（元）

在定额法下，当定定额成本发生变动时，产品的实际成本可根据下列公式计算。

实际成本＝产品定额成本±脱离定额差异±材料成本差异±定额变动差异

六、定额法举例

例 9-8　某工业企业大量大批生产 C 产品，各项消耗定额比较准确、稳定，采用定额法计算产品成本。材料在生产开始时一次投入。脱离定额差异按完工产品与月末在产品定额成本比例进行分配；材料成本差异和定额变动差异全部由完工产品成本负担。假定今年 5 月份有关成本资料如表 9-8、表 9-9 所示。

表 9-8　C 产品定额成本计算表

2013 年 05 月

成本项目	直接材料	直接人工	制造费用	合　计
材料定额消耗量	40 千克	80 小时	160 小时	
原材料计划单价或计划每小时直接人工费用、制造费用	2.4	0.6	0.4	
单位产品定额成本/元	96	48	64	208

表 9-9　C 产品月初在产品定额成本及脱离定额差异表

2013 年 05 月　　　　元

成本项目	直接材料	直接人工	制造费用	合　计
月初在产品定额成本	3 500	840	1 120	5 460
脱离定额差异	150	20	30	200

本月投产 C 产品 400 件，完工 350 件。5 月份实际生产费用为：直接材料 40 320 元，直接人工 19 750 元，制造费用 24 575 元。材料成本差异率为 −2.5%。

C 产品直接材料费用定额从 5 月 1 日开始由原来的 100 元调整为 96 元，月初在产品数量 35 件，按旧定额计算的月初在产品定额成本为 3 500 元。

根据以上资料编制产品成本明细账，如表 9-10 所示。

表 9-10　产品成本明细账

2013 年 05 月　　　　完工产量:350 件

元

项目			直接材料	直接人工	制造费用	合计
月初在产品成本	定额成本	①	3 500	840	1 120	5 460
	脱离定额差异	②	150	20	30	200
月初在产品定额变动	定额成本调整	③	−140			−140
	定额变动差异	④	+140			+140
本月生产费用	定额成本	⑤	38 400	19 200	25 600	83 200
	脱离定额差异	⑥	+1 920	+550	−1 025	+1 445
	材料成本差异	⑦	−1 008			−1 008
生产费用累计	定额成本	⑧=①+③+⑤	41 760	20 040	26 720	88 520
	脱离定额差异	⑨=②+⑥	+2 070	+570	−995	+1 645
	材料成本差异	⑩=⑦	−1 008			−1 008
	定额变动差异	⑪=④	+140			+140
差异率	脱离定额差异	⑫=⑨÷⑧	+0.049 6	+0.028 4	−0.037 2	
本月完工产品成本	定额成本	⑬	33 600	16 800	22 400	72 800
	脱离定额差异	⑭=⑬×⑫	+1 666	+477	−833	+1 310
	材料成本差异	⑮=⑩	−1 008			−1 008
	定额变动差异	⑯=⑪	+140			+140
	实际成本	⑰=⑬+⑭+⑮+⑯	34 398	17 277	21 567	73 242
月末在产品成本	定额成本	⑱=⑧−⑬	8 160	3 240	4 320	15 720
	脱离定额差异	⑲=⑨−⑭	+404	+93	−162	+335

上表中有关数据计算如下。

① 定额变动系数 $=\frac{96}{100}=0.96$

② 月初在产品定额变动差异＝3 500×(1－0.96)＝140(元)

③ 材料成本差异＝(38 400＋1 920)×(－2.5%)＝－1 008(元)

④ 本月完工产品定额成本如下。

直接材料＝350×96＝33 600(元)

直接人工＝350×48＝16 800(元)

制造费用＝350×64＝22 400(元)

任务三　联产品、副产品的成本计算

任务目标

通过本任务的学习，你应该能够：

1. 了解联产品、副产品的概念。
2. 掌握联产品、副产品的成本计算过程。

知识要点

联产品、副产品 { 联产品的成本计算；副产品的成本计算 }

业务认知

在许多企业里，往往使用同一种原料，经过同一生产过程，生产出两种或两种以上的产品，或者由于加工操作及其他方面的原因，产生了不同产品和同一产品的不同等级品。这些产品可以根据各自不同的情况，分为联产品、副产品。接下来介绍在工作中的联产品和副产品及成本计算。

一、联产品的成本计算

（一）概念

联产品是指在同一生产过程中，使用同一种原料进行加工而同时生产出来两种及两种以上的主要产品。各种类型的企业都可能有联产品。例如，化工厂投入一种或几种化学原料，经过化学反应，同时生产出两种或两种以上的化工产品；又如，奶制品加工厂可以同时生产出牛奶、奶油等；再如，炼油厂通常是投入原油后，经过某个加工过程，可以生产出汽油，轻柴油，重柴油和气体4种联产品；煤气厂在煤气生产过程中，可同时产生煤气，焦炭和煤焦油等产品，等等。

（二）联产品成本的计算特点

联产品是使用同样的原材料，在同一生产过程中生产出来的各种产品，无法按每种产品来归集费用，直接计算其成本，而只能将同一生产过程的联产品，视为同类产品，采用分类法计算其分离前的实际成本；然后采用一定的分配标准，在各联产品之间分配成本。

各种联产品一般要到生产过程终了时才能分离出来，有时也可能在生产过程的某个步骤分离出来。分离时的生产步骤称为分离点。在分离点之前，各种联产品的生产费用是综合在一起的，故称为综合成本或联合成本。联合成本的归集和计算，应根据联产品的生产特点，采用适当的方法进行。

联合成本的计算与前述品种法或分批法等计算相同。联产品成本计算的关键是如何将联合成本在各种联产品之间进行分配。

（三）联合成本的分配方法

联合成本的分配方法很多，一般用的有系数分配法、重量分配法和售价分配法等。

1. 系数分配法

系数分配法是联产品成本计算中普遍采用的一种方法。它是将产品的实际产量按照事前确定的单位系数，计算出总系数（折合为标准产量），然后将联合成本的总系数作为分配标准，在各种联产品之间进行分配。

例 9-9　设某企业在同一加工过程中，使用同一材料生产出联产品 A、B、C。根据成本计算的基本方法已算出了联合总成本为 126 000 元，本月实际产量：A 产品 200 吨，产品系数确定为 1，B 产品 300 吨，产品系数确定为 1.2，C 产品 100 吨，产品系数确定为 0.8。现将其联合成本的分配方法列表计算，如表 9-11 所示。

表 9-11　联产品成本计算表

元

产品名称	实际量/吨	折合系数	总系数	分配率	实际总成本	单位成本
A 产品	200	1	200		39 375	196.875
B 产品	300	1.2	360		70 875	236.25
C 产品	100	0.8	80		15 750	157.5
合　计	×	×	640	196.875	126 000	×

$$分配率=\frac{126\ 000}{640}=196.875$$

2. 实物量分配法

实物量分配法是以产品在分离点处相应产出份额为基础来分配联合成本的方法。其实物量可采用产品总产量的重量或容积等。

例 9-10　承上例，按重量分配计算联产品成本，如表 9-12 所示。

表 9-12　联产品成本计算表

元

产品名称	实际量/吨	分配率	实际总成本	单位成本
A 产品	200		42 000	210
B 产品	300		63 000	210
C 产品	100		21 000	210
合　计	×	210	126 000	210

$$分配率=\frac{126\ 000}{600}=210$$

3. 销售价值分配法

销售价值分配法是按各联产品的销售价值比例分配联合成本的方法。这种方法把联合成本的分配与联产品的最终价值联系起来，目的是使这些联产品能取得相同的毛利率，其理论依据是售价高的联产品应该成比例地负担较高的联合成本。在一般情况下，高销售价值与高成本是相配合的，但不是所有的成本都与售价有关。这种方法一般适用于分离后不再加工的联产品。

例 9-11　承上例，假设 A 产品单位售价 50 元，B 产品单位售价 30 元，C 产品单位售价 60 元，按销售价值计算联产品成本，如表 9-13 所示。

表 9-13　联产品成本计算表

元

产品名称	实际量/吨	单位售价	销售价值	分配率	实际总成本	单位成本
A 产品	200	50	10 000		50 400	252
B 产品	300	30	9 000		45 360	151.2
C 产品	100	60	6 000		30 240	302.4
合　计	×	×	25 000	5.04	126 000	×

$$分配率=\frac{126\ 000}{25\ 000}=5.04$$

二、副产品的成本计算

（一）概念

副产品是指使用同种原料，在生产主要产品的同时，附带生产出来的非主要产品。例如，制皂生产过程中附带生产出来的甘油，在原油的加工过程中产生的渣油、石油焦等。

（二）副产品成本计算的特点

由于副产品和主要产品是在同一生产过程中生产出来的，所发生的生产费用很难在它们之间划分。因此，一般将主、副产品作为一大类产品，采用分类法来归集生产费用，计算出全部主、副产品的联合成本，然后将联合成本在各种主、副产品之间进行分配。但由于副产品价值较低，占全部产品成本的比重较小，为了简化核算工作，可以采用简便的计算方法，先确定出副产品的成本，然后从发生的联合成本中扣除副产品成本即可求得主要产品的成本。

（三）副产品的成本计算

副产品在分离后，有的作为产成品直接对外销售，有的需进一步加工后再出售，副产品的成本计算应视不同情况而定。

1. 不需要进一步加工的副产品计价

① 产品不负担联合成本。如果副产品的价值较低，副产品可以不负担分离前的联合成本，联合成本全部由主产品副负担，副产品的销售收入直接作为其他业务利润处理。

采用这种方法，计算简便，但由于副产品不负担分离前的联合成本，一定程度上会影响主产品成本的正确性。

② 副产品作价扣除。如果副产品的价值较高，可将其销售价格作为计价依据（分配标准）根据“成本＝收入－税金－费用－利润”基本原理确定副产品成本，然后从联合成本中扣除，再按各成本项目所占比重，分解为直接材料、直接人工和制造费用项目成本。

例 *9-12*　假设某企业在生产主要产品 A、B 的过程中同时生产出副产品 C。根据基本方法已算出了本期联合成本为 7 万元，其中，直接材料 3 万元，直接人工为 2.5 万元，制造费用为 1.5 万元，本月共生产副产品 500 千克，单位售价 5 元，单位税金 0.5 元，单位销售费用和利润 1.5 元。产品成本分摊情况如表 9-14 所示。

表 9-14　主副产品分摊计算表

元

成本项目	直接材料	直接人工	制造费用	合　计
分摊前联合成本	30 000	25 000	15 000	70 000
各成本项目所占比重/（%）	50	30	20	100
C 副产品成本	750	450	300	1 500
A、B 主产品成本	29 250	24 550	14 700	68 500

C 副产品总成本＝(5－0.5－1.5)×500＝1500(元)

其中：直接材料＝1500×50%＝750(元)

　　　直接人工＝1500×30%＝450(元)

　　　制造费用＝1500×20%＝300(元)

2. 需要进一步加工的副产品计价

例 *9-13*　承上例，假设 C 副产品需进一步加工方可出售，加工成本为每千克 1.2 元，500 千克共为 600 元。则 C 副产品加工后的成本为：1500＋600＝2100(元)

模块小结

1. 重点：分类法、定额法、联产品、副产品的计算程序及方法。
2. 难点：定额法中脱离定额差异、定额变动差异的计算。

思考与实践

1. 分组到不同类型工业企业去实习，了解企业生产的联产品和副产品情况，以及联产品和副产品成本计算方法的实际运用情况。

2. 通过实习，分析一下企业采用联产品和副产品的成本计算方法计算联产品和副产品成本是否可行。

关键练习

一、名词解释

分类法　联产品　副产品　定额法　脱离定额差异　定额变动差异

二、简答题

1. 简要说明分类法的适用范围。
2. 简要说明分类法的特点及其优缺点。
3. 简要说明副产品的成本计算方法有哪些。
4. 定额法的主要特点有哪些？
5. 简要说明在定额法下如何计算直接材料脱离定额差异。
6. 简要说明在定额法下如何计算材料成本差异。
7. 简要说明在定额法下如何计算产品实际成本。

三、单选题

1. 分类法的特点包括(　　)。

A. 以产品类别作为成本计算对象

B. 以产品品种作为成本计算对象

C. 按照产品类别归集生产费用，计算产品成本

D. 按照产品类别归集生产费用，计算产品成本，并采用一定的方法，选择适当的标准将该类完工产品成本分配给类内各品种或规格的产品。

2. 下列哪种方法属于产品成本计算的辅助方法？(　　)。

A. 分步法　　B. 定额法　　C. 品种法　　D. 分批法

3. 分类法适用于哪种生产类型？(　　)。

A. 大量大批多步骤生产　　B. 大量大批单步骤生产

C. 各种类型的生产　　D. 小批单件单步骤生产

4. 某工业企业将A、B两种产品归为一类，采用分类法计算产品成本。A、B两种产品共同耗用同一种材料，消耗定额分别为12千克和15千克，每千克材料的单位成本为4元。该企业将A产品作为标准产品，则B产品的直接材料费用系数为(　　)。

A. 6.25　　B. 4　　C. 1.25　　D. 0.8

5. 联产品是指(　　)。

A. 企业使用同样的原材料进行加工，同时生产出几种具有不同使用价值的产品

B. 企业使用同样的原材料进行加工，同时生产出主要产品和副产品

C. 企业使用同样的原材料进行加工，同时生产出不同质量的产品

D. 企业使用不同的原材料加工出的不同产品

6. 定额法的特点是(　　)。

A. 预先制定料、工、费定额

B. 在料、工、费发生的当时揭示差异

C. 以定额成本基础，加减各种差异，计算出产品的实际成本

D. 以上三点都具备

7. 直接材料定额成本的计算公式是(　　)。

A. Σ(产品原材料定额消耗量×原材料实际单价)

B. Σ(产品原材料定额消耗量×原材料计划单价)

C. Σ(产品原材料实际消耗量×原材料实际单价)

D. Σ(产品原材料实际消耗量×原材料计划单价)

8. 制造费用定额成本的计算公式是(　　)。

A. 产品生产工时定额×计划制造费用分配率

B. 产品生产实际工时×计划制造费用分配率

C. 产品生产工时定额×实际每小时制造费用分配率

D. 产品生产实际工时×实际每小时制造费用分配率

9. 直接材料脱离定额差异的计算公式是(　　)。

A. 原材料实际消耗量×原材料计划单价

B. 原材料定额耗用量×原材料计划单价

C.(原材料实际消耗量－原材料定额消耗量)×原材料计划单价

D.(原材料实际消耗量－原材料定额消耗量)×原材料计划单价

10. 某产品直接材料费用定额成本为 20 000 元，直接材料脱离定额差异为－3 000元，材料成本差异率为－1%，该产品应分配的材料成本差异为(　　)。

A. 30 元　　B. －170 元　　C. －200 元　　D. －2 300 元

11. 在定额法下，若月初在产品定额变动差异是负数，说明(　　)。

A. 以前月份生产耗费降低了　　B. 以前月份生产耗费超支了

C. 本月份生产耗费降低了　　D. 本月份生产耗费超支了

四、多选题

1. 下列成本计算方法与产品生产类型没有直接联系的有(　　　)。

A. 分批法　　B. 定额法　　C. 品种法

D. 分步法　　E. 分类法

2. 分类法适用于下列哪些产品？(　　　)。

A. 品种、规格、型号繁多，但不能按照规定标准进行分类的产品

B. 品种、规格、型号繁多，但可以按照规定标准进行分类的产品

C. 副产品

D. 联产品

3. 分类法的优点是(　　　)。

A. 计算结果比较准确

B. 有利于成本的日常控制

C. 可以简化成本计算工作

D. 在产品品种、规格、型号繁多的情况下，分类提供产品成本的耗费水平

4. 副产品从主产品中分离后直接出售的计价方法有(　　　　)。

A. 按实际成本计价　　B. 按固定单价计价

C. 按售价减去正常利税后的余额计价　　D. 按计划成本计价

5. 定额法是(　　　　)。

A. 为了加强成本管理和控制而采用的一种成本计算与管理相结合的方法

B. 在料、工、费发生当时揭示差异的方法

C. 以定额成本为基础，加减各种差异，计算出产品实际成本的方法

D. 与企业生产类型有直接联系的产品成本计算的基本方法

6. 定额法主要适用于(　　　　)的企业采用。

A. 定额管理制度比较健全　　B. 定额管理工作基础比较好

C. 产品生产已经定型　　D. 各项消耗定额都比较准确和稳定

7. 在定额法下，根据计算方法的不同，脱离定额差异计算可分为(　　　　)。

A. 直接材料脱离定额差异　　B. 直接人工脱离定额差异

C. 材料成本差异　　D. 制造费用脱离定额差异

8. 下列各项中，影响定额变动差异的因素有(　　　　)。

A. 生产技术改进　　B. 产品所用材料变化

C. 劳动生产率提高　　D. 修订了消耗定额

E. 修订了计划价格

9. 采用定额法计算产品实际成本，产品实际成本的组成项目有(　　　　)。

A. 产品定额成本　　B. 脱离定额差异

C. 材料成本差异　　D. 定额变动差异

五、判断题

1. 分类法是以产品类别作为成本计算对象的一种产品成本计算的基本方法。　(　　)

2. 分类法与企业生产类型没有直接联系，可以在各种类型的生产中采用。　(　　)

3. 在分类法下，产品成本明细账按类别开立，因而能够简化成本核算工作。　(　　)

4. 分类法适用于产品品种、规格繁多的产品生产。　(　　)

5. 联产品必须采用分类法计算产品成本。　(　　)

6. 副产品从主产品中分离出来后可以直接出售的，应将副产品与主产品合为一类开设产品成本明细账，按照产品类别归集生产费用，计算成本。　(　　)

7. 副产品是指工业企业在生产主要产品的生产过程中附带生产出的一些非主要产品。　(　　)

8. 副产品从主要产品中分离出来后，需要进一步加工才能出售的，应根据副产品加工生产的特点和成本管理的要求，单独计算副产品的成本。　(　　)

9. 定额法不是成本计算的基本方法，与企业生产类型没有直接联系，不论哪种类型的生产，都可以采用定额法计算产品成本。　(　　)

10. 计算产品定额成本时，直接材料定额成本等于产品原材料实际消耗量乘以原材料计划单价。　(　　)

11. 定额变动差异是定额本身变动的结果,它与生产过程中料、工、费的超支或节约没有关系。 ( )

12. 脱离定额差异是指在生产产品过程中,各项生产费用的实际发生额与现行定额的差额。 ( )

13. 在定额法下,产品实际成本为产品定额成本与脱离定额差异、材料成本差异、定额变动差异的代数和。 ( )

14. 在定额法下,某产品应分配的材料成本差异等于该产品的直接材料定额成本与材料成本差异率的乘积。 ( )

六、计算分析题

1. 练习产品成本计算的分类法。

资料:某工厂5月份生产A、B、C 3种产品,属于甲类产品。类内各种产品费用分配标准:选择甲产品为标准产品,直接材料费用系数按原材料定额费用比例确定,其他加工费用的系数按单位产品定额工时消耗比例确定。本月甲类完工产品成本如下:直接材料2 249 280元、直接人工153 450元、制造费用214 830元,合计2 617 560元。

要求:

① 计算甲类产品内各种产品直接材料费用系数、直接材料费用总系数和产品定额工时,完成甲类产品直接材料费用系数和定额工时计算表(见表9-15)。

② 计算甲类产品内各种产品的成本,完成甲类产品成本计算表(见表9-16)。

③ 编制本月完工产品验收入库的会计分录。

表9-15 甲类产品直接材料费用系数和定额工时计算表

产品品种	实际产量/件	单位产品直接材料费用定额	直接材料费用系数	直接材料费用总系数	单位产品工时消耗定额	定额工时
A产品	2 250	500			60	
B产品	1 200	600			90	
C产品	300	450			120	
合 计	—	—			—	

表9-16 甲类产品成本计算表

项 目	直接材料费用总系数	定额工时	产品成本项目			完工产品总成本
			直接材料	直接人工	制造费用	
分配率						
A产品						
B产品						
C产品						
合 计						

2. 练习产品定额成本的计算。

资料:某工业企业生产乙产品需耗用C、D两种材料,每件产品直接材料定额消耗量为:耗用C材料16千克,每千克材料计划单价为25元;耗用D材料20千克,每千克材料计划单价为19元。

要求:计算乙产品直接材料定额成本。

3. 练习产品定额成本的计算。

资料:某工业企业生产丙产品,该产品由两个C零件和3个D零件组成。C、D零件的加工工序和每道工序工时定额如表9-17所示。

表9-17 C、D零件加工工序和工时定额

项 目	工 序	工时定额
C零件	1	2
	2	5
	3	8
	4	12
D零件	1	2
	2	6
	3	13
	4	15

计划每小时工资率为6.6元,计划每小时制造费用分配率为9元。

要求:计算丙产品直接人工定额成本和制造费用定额成本。

4. 练习直接材料脱离定额差异的计算。

资料:某工业企业第一车间生产甲产品,限额领料单规定的产品数量为1 000件,每件产品的直接材料消耗定额为3千克,领料限额为3 000千克,本月实际领料2 900千克。该车间期初结存材料50千克,期末结存材料60千克,每千克材料计划单价为3.9元。

要求:计算甲产品直接材料脱离定额差异。

5. 练习材料成本差异的计算。

资料:某工业企业5月份生产丁产品所耗原材料定额成本为87 912元,材料脱离定额差异为超支1 188元,本月材料成本差异率为−1.5%。

要求:计算5月份丁产品应分配的材料成本差异。

6. 练习定额变动差异的计算。

资料:某工业企业用于生产乙产品的A零件从5月1日起实行新的材料消耗定额,每件产品旧的材料消耗定额为90元,新的材料消耗定额为81元。该产品月初在产品按旧定额计算的材料定额成本为64 800元。

要求:计算乙产品月初在产品定额变动差异。

7. 练习产品定额成本、脱离定额差异、定额变动差异的计算。

资料：某工业企业5月份甲产品月初在产品数量为200件，原材料定额成本为30千克/件，单价20元/千克。本月份修订定额为28千克/件，单价20.40元/千克。本月产量为600件，耗用原材料共16 000千克。

要求：计算甲产品直接材料定额成本、直接材料脱离定额差异和直接材料定额变动差异。

8. 练习产品成本计算的定额法。

资料：南华工厂一车间大量生产A产品，该产品各种消耗定额较为准确和稳定，采用定额法计算成本，有关资料如下。

① 月初在产品30件，本月投产80件，本月完工100件，月末在产品10件，完工程度50%。

② A产品调整前的定额成本资料，如表9-18所示。

表9-18　A产品调整前的定额成本

元

项　目	直接材料	直接人工	制造费用	合　计
消耗量	80千克	40小时	40小时	
原材料计划单价或计划每小时直接人工费用、制造费用	50	5	7.5	
单位产品定额成本/元	4 000	200	300	4 500

③ A产品调整前的月初在产品成本及本月实际生产费用，如表9-19所示。

表9-19　A产品调整前的月初在产品成本本月实际生产费用

元

项　目	直接材料	直接人工	制造费用	合　计
月初在产品定额成本	120 000	3 000	4 500	127 500
脱离定额差异	1 200	150	195	1 545
本月生产费用	353 700	19 110	28 065	400 875

④ 月初，直接材料消耗定额经过修订，降低2千克。定额变动差异全部由完工产品负担。直接材料系生产开始时一次投入，材料成本差异率为2%，材料成本差异由完工产品负担。

要求：

① 计算A产品月初在产品定额变动差异。

② 计算本月直接材料定额成本、直接人工定额成本和制造费用定额成本。

③ 计算本月直接材料脱离定额差异、直接人工脱离定额差异和制造费用脱离定额差异。

④ 计算本月A产品领用材料应分配直接材料成本差异。

⑤ 计算本月完工产品直接材料定额成本、直接人工定额成本和制造费用定额成本。

⑥ 计算并填列产品成本明细账（见表 9-20）。

表 9-20　产品成本明细账

产品名称：A 产品　　　　完工产量：100 件

项　目		直接材料	直接人工	制造费用	合　计
月初在产品成本	定额成本				
	脱离定额差异				
月初在产品定额变动	定额成本调整				
	定额变动差异				
本月生产费用	定额成本				
	脱离定额差异				
	材料成本差异				
生产费用累计	定额成本				
	脱离定额差异				
	材料成本差异				
	定额变动差异				
差异率	脱离定额差异				
本月完工产品成本	定额成本				
	脱离定额差异				
	材料成本差异				
	定额变动差异				
	实际成本				
月末在产品成本	定额成本				
	脱离定额差异				

模块十

成本报表的编制与分析

模块导入

成本会计主管:张兴

嗨,大家好,我是成本会计主管张兴,通过前9个模块的学习,大家掌握了成本核算的主体内容,即能够按照一定的程序、标准和方法,对企业发生的各项费用进行归集和分配,从而计算出产品总成本和单位成本。但这些远远不能满足作为市场经济中自主经营、自负盈亏的企业的需要。因为成本会计还必须按照成本计划等的要求,揭示影响成本升降的各种因素及影响程度,以便正确评价企业及企业内部各有关单位在成本管理工作中的业绩,揭示企业成本管理工作中的问题,从而促进成本管理工作的改善,提高企业的经济效益。

在这一知识模块中我会让大家了解有关成本报表的编制与分析中的相关概念,成本报表的作用、种类及编制要求,掌握成本报表的编制方法及具体分析方法。

任务一　成本报表概述

任务目标

通过本任务的学习,你应该能够:

1. 了解什么是成本报表。
2. 了解成本报表的作用。
3. 了解成本报表的种类。
4. 掌握成本报表的编制要求。
5. 掌握成本报表编制和分析的一般方法。

知识要点

成本报表概述
- 成本报表的概念和作用
- 成本报表的种类
- 成本报表编制的依据和要求

业务认知

企业会计报表分为两大类：一类为向外报送的会计报表，如资产负债表、利润表、现金流量表，其具体格式和编制说明由企业会计制度作出规定；另一类为企业内部管理需要的报表等，如成本报表等，其具体种类、格式由企业自行规定。成本报表是企业内部报表中的主要报表。正确、及时地编制成本报表是成本会计的一项重要内容。

一、成本报表的概念和作用

（一）成本报表的概念

成本报表是指根据企业日常成本核算资料及相关资料，定期或不定期编制，综合概括反映企业一定时期内产品成本水平及构成情况，考核和分析企业成本计划或预算执行情况的会计报表。根据我国现行会计制度规定，成本报表不作为企业向外报送的会计报表，主要是为了满足内部管理需要而编制的。

（二）成本报表的作用

成本报表主要向企业的各级管理部门、企业领导、企业职工及有关部门提供成本信息。成本报表的作用主要有以下几个方面。

① 反映企业一定时期的成本水平及构成情况。

产品成本是反映企业生产技术经营成果的一项综合性指标。企业物质消耗、劳动效率、技术水平、生成管理等各方面经营管理活动的好坏，最终都会直接或间接地在产品成本中综合体现出来。通过成本报表资料，可以掌握企业一定时期的成本水平，及时发现和解决存在的问题，促进企业降低成本、节约费用，提高企业经营管理水平及经济效益。

② 企业进行成本、利润的预测、决策和制定产品价格的重要依据。

制定切实可行的成本计划，是进行成本控制的有效手段。企业可以在以前年度产品实际成本水平的基础上，结合本期成本报表所提供的资料，制定下年成本计划。利用和分析成本报表，能使各管理部门对未来时期的成本进行预测，为企业的经营决策提供及时而有效的依据。

③ 为评定和考核各部门工作业绩提供依据。

管理部门可以通过对成本报表的分析，明确各部门各岗位执行成本计划的成绩和责任，总结经验，为以后进一步降低成本提供依据。

二、成本报表的种类

企业的成本报表主要用来服务企业内部经营管理部门，不对外报送或公布。因此，其种类、项目、格式和编制方法，由企业根据自身生产经营过程的特点和企业管理的具体要求而定，没有固定的种类、格式和内容。

从性质上进行分类，成本报表通常有以下 3 种类型。

① 反映一定时期内各类资产耗费状况的报表，如制造费用明细表、管理费用明细表、营业费用明细表和财务费用明细表。

② 反映一定生产经营对象成本状况的报表，如商品产品成本表。

③ 反映一定责任中心各类资产耗费状况的报表，如责任成本表。

三、成本报表的编制依据和要求

（一）成本报表的编制依据

企业编制成本报表，主要依据报告期的成本账簿资料、本期成本计划和费用预算等资料，以及前年度的会计报表资料、企业相关的统计资料和其他资料。

（二）成本报表的编制要求

成本报表主要是满足企业的内部经营管理的需要，因此成本报表的编制应符合以下基本要求。

1. 真实性

成本报表中的各项数字，必须以调整、核实相符后的成本账簿记录为依据，不能使用估计数字，更不能弄虚作假，以保证成本报表数字的真实、客观。

2. 准确性

成本报表中的各项指标实际数字绝大多数来源于当期的成本账簿记录，但并不是从账簿到报表数字的搬家，成本报表中的有些项目需要经过一定的分析、计算整理后才能填列。因此，必须做到数字计算准确，以确保成本报表指标的正确性。

3. 完整性

成本报表中的主要报表种类应齐备，表内指标及补充资料应完整。报表中需要加以说明的内容，应用简明扼要的文字说明。对定期报送的主要成本报表，还应有分析说明生产成本和费用升降情况、原因、措施的文字资料。

4. 一致性

编制成本报表时，会计处理方法应当保持前后各期一致。各种不同的会计计量和填报方法，在某一特定的会计期间，存在一定的差别，其形成的差异将对成本信息产生一定影响。因此，费用分配的方法、材料的计价原则、成本计算方法一经采用不允许随便改变。如果需要改变某些方法，应在附注中说明。

5. 及时性

为了使成本报表使用者及时了解成本信息，必须迅速提供各种成本报表。这就要求企业不仅要做好日常成本核算工作，还要注意收集有关历史成本、同行业成本资料、统计资料及成本计划、费用预算资料，才能保证成本报表的及时编制。

任务二 成本报表的编制

任务目标

通过本任务的学习，你应该能够：

1. 了解商品产品成本表、主要产品单位成本表及相关报表的含义、作用及结构。
2. 掌握商品产品成本表、主要产品单位成本表的编制方法。
3. 了解制造费用明细表的编制方法。

知识要点

主要成本报表的编制：
- 商品产品成本表的编制
- 主要产品单位成本表的编制
- 制造费用明细表的编制

业务认知

在任务一中，我们知道了什么是成本报表及成本报表的作用、种类及编制要求。那么，相关的主要成本报表具体应怎么编制呢？

一、商品产品成本表的编制

（一）商品产品成本表的概念和作用

1. 概念

商品产品成本表是反映企业在报告期内生产的全部商品产品（包括可比产品和不可比产品）的总成本，以及各种主要商品产品的单位成本和总成本的报表。通过本表可以了解企业全部产品成本计划的执行情况，以及可比产品成本降低任务的完成情况。

商品产品成本表分为基本报表和补充资料两部分，其一般结构和内容如表 10-1 所示。

基本报表部分应按可比产品和不可比产品分别填列。

可比产品与不可比产品的含义如下。

可比产品是指去年或以前年度正式生产过，具有较完备成本资料的产品。

不可比产品是指去年或以前年度未正式生产过的产品，因而没有成本资料。对于去年试制成功，今年正式投产的产品，也应作为不可比产品。

2. 作用

① 可以考核全部商品产品和主要商品产品成本计划的执行结果。

② 分析各种可比产品成本降低任务的完成情况。

表 10-1　商品产品成本表

编制单位：××公司　　2012 年 12 月　　元

产品名称	计量单位	实际产量		单位成本				本月总成本			本年累计总成本		
		本月	本年累计	上年实际平均	本年计划	本月实际	本年累计实际平均	按上年实际平均单位成本计算	按本年计划单位成本计算	本月实际	按上年实际平均单位成本计算	按本年计划单位成本计算	本年实际
		①	②	③	④	⑤	⑥	⑦=①×③	⑧=①×④	⑨=①×⑤	⑩=②×③	⑪=②×④	⑫=②×⑥
可比产品								19 400	19 100	18 850	270 000	266 000	269 400
其中：甲	件	50	500	84	82	83	81	4 200	4 100	4 150	42 000	41 000	40 500
乙	件	20	300	760	750	735	763	15 200	15 000	14 700	228 000	225 000	228 900
不可比产品		—	—	—	—	—	—	—	10 000	10 100	—	130 000	130 520
其中：丙	件	20	260	—	500	505	502	—	10 000	10 100	—	130 000	130 520
全部商品产品		—	—	—	—	—	—	X	29 100	28 950	X	396 000	399 920

补充资料(本年累计实际数)如下。

① 可比产品降低额为 600 元。

② 可比产品成本降低率为 0.22%（本年计划降低率为 1.51%）。

（二）商品产品成本表的编制方法

1. 产品名称栏

本栏按企业规定的主要商品产品的品种分项列示，即：本栏应填列主要可比产品和不可比产品的名称，每项注明各品种的名称、规格和计量单位。

2. 实际产量栏

本栏中包括本月实际产量和本年累计实际产量。本月实际产量，应根据相应的产品成本明细账填列；本年累计实际产量，应根据本月实际产量，加上上月本表的本年累计实际产量计算填列。

3. 单位成本栏

① 上年实际平均栏反映各种主要可比产品的上年实际平均单位成本，应分别根据上年度本表所列的各种可比产品的全年实际平均单位成本填列。

② 本年计划栏反映各种主要商品产品的本年计划单位成本，应根据本年度成本计划的有关数字填列。

③ 本月实际栏反映本月生产的各种商品产品的实际单位成本，应根据有关产品成本计算单中的资料按下列公式计算填列。

$$某产品本月实际单位成本=\frac{某产品本月实际总成本}{某产品本月实际产量}$$

④ 本年累计实际平均栏反映从年初起至本月末止企业生产的各种商品产品的实际单位成本，应根据成本计算单的有关数字，按下列公式计算填列。

$$实际单位成本=\frac{某产品本年累计实际总成本}{某产品本年累计实际产量}$$

4. 本月总成本栏

① 按上年实际平均单位成本计算栏应根据本月实际产量乘以上年实际平均单位成本计算填列。

② 按本年计划单位成本计算栏应根据本月实际产量乘以本年计划单位成本计算填列。

③ 本月实际栏应根据本月实际产量乘以本月实际单位成本计算填列。

5. 本年累计总成本栏

① 按上年实际平均单位成本计算栏应根据本年累计实际产量乘以上年实际平均单位成本计算填列。

② 按本年计划单位成本计算栏应根据本年累计实际产量乘以本年计划单位成本计算填列。

③ 本年实际栏应根据本年成本计算单的资料填列。即用本年累计实际产量乘以本年累计实际平均单位成本计算填列。

本表补充资料中的可比产品成本降低额和可比产品成本降低率的本年累计实际数，应根据下列公式计算填列。

可比产品成本降低额＝可比产品按上年实际平均单位成本计算的本年累计总成本－本年累计实际总成本

$$可比产品成本降低率=\frac{可比产品成本降低额}{可比产品按上年实际平均单位成本计算的本年累计总成本}\times 100\%$$

可比产品成本降低率的本年计划数，应根据年度成本计划填列，可比产品成本的超支额和超支率，应在“降低额”和“降低率”项目内以“—”表示。

二、主要产品单位成本表

（一）主要产品单位成本表的概念和作用

1. 概念

主要产品单位成本表是指反映企业在一定时期内生产的各种主要产品生产成本水平、变动情况及构成情况的成本报表。它是对商品产品成本表的有关单位成本作进一步补充说明的报表。其具体结构和内容如表10-2所示。

表10-2　主要产品单位成本表

编制单位：××公司　　2012年12月　　元

产品名称	甲产品	本月计划产量	180
规　　格		本月实际产量	200
计量单位	件	本年累计计划产量	2 000
销售单价	860	本年累计实际产量	3 000

成本项目	历史先进水平（××年）	上年实际平均	本年计划	本月实际	本年累计实际平均
直接材料	507	532	528	515	535
直接人工	81	86	82	75	78
制造费用	140	142	140	145	150
单位产品生产成本	728	760	750	735	763

2. 作用

① 可以按照成本项目分析和考核各种主要产品单位成本计划的执行情况。

② 可以按照成本项目将本月实际和本年累计实际平均单位成本与上年实际平均和历史先进水平进行对比，了解单位成本的变动情况。

③ 可以分析和考核各种主要产品的主要技术经济指标的执行情况，进而查明主要产品单位成本升降的具体原因。

（二）主要产品单位成本表的编制方法

① 主要产品单位成本表中，产品单位成本的历史先进水平，是指本企业生产该种产品在历史上单位生产成本最低年度的成本，应根据该产品历史上成本最低年度的成本计算资料填列。

② 上年实际平均单位成本、本年计划单位成本、本月实际单位成本和本年累计实际平均单位成本等指标的填列方法，与全部产品成本表中单位成本的填列方法基本相同，主要产品单位成本表仅增加了成本项目的资料。

③ 成本项目应按规定进行填列。由于本表是商品产品成本表的补充，所以表中按成本项目反映的上年实际平均、本年计划、本月实际、本年累计实际平均的单位成本合计，应与商品产品成本表中的各单位成本数字分别相等。

三、制造费用明细表

（一）制造费用明细表的概念和作用

1. 概念

制造费用明细表是指反映企业在一定会计期间内发生的各项制造费用总额及其构成情况的报表。

制造费用明细表中费用明细项目的划分，可参照财政部有关制度的规定，也可以根据企业的具体情况增减。该表一般按月编制，在某些季节性生产企业，也可以按年编制。其一般结构和内容如表 10-3 所示。

表 10-3　某厂制造费用明细表

编制单位：××公司　　2012 年 12 月　　元

项　目	上年实际	本年计划	本月实际	本年累计实际
1. 工资	50 000	40 000	3 400	42 000
2. 职工福利费	6 000	5 600	480	5 800
3. 折旧费	40 000	36 000	3 000	36 000
4. 修理费	30 000	30 000	2 600	32 000
5. 办公费	45 000	50 000	4 500	52 000
6. 水电费	11 000	10 000	1 000	11 000
7. 机物料消耗	18 000	20 000	1 900	22 000
8. 劳动保护费	21 000	20 000	1 750	21 000
9. 租赁费	4 000	3 000	500	6 000
10. 差旅费	8 000	10 000	900	10 000
11. 保险费	12 000	12 000	1 200	14 000
12. 其他	46 790	37 093	3 890	46 790
制造费用合计	291 790	273 693	25 120	298 590

2. 作用

利用制造费用明细表所提供的资料，可以分析制造费用的构成和各项费用增减变动情况，考核制造费用预算的执行结果，以便进一步采取措施，节约开支，降低费用，从而降低产品的制造成本。

（二）制造费用明细表的编制

该表按费用项目分为上年同期实际、本年计划、本年累计实际数。

1. 上年实际

根据上年 12 月份编制的制造费用明细表本年累计实际栏的数字填列。

2. 本年计划

根据本年制造费用预算资料填列。

3. 本月实际

根据制造费用明细账中各费用项目本月发生额填列。

4. 本年累计实际

根据制造费用明细账中各费用项目本年累计发生额填列，也可以将本月实际数加上上月本表中本年累计实际数后填列。

任务三　成本报表的分析

任务目标

通过本任务的学习，你应该能够：

1. 熟悉成本报表分析的一般方法。
2. 掌握全部商品产品成本计划完成情况的分析和可比产品成本降低任务完成情况的分析。
3. 掌握主要产品单位成本计划完成情况的分析。

知识要点

成本报表的分析
- 成本报表分析的方法
- 全部商品产品成本表的分析
- 主要产品单位成本表的分析

业务认知

在前一项任务中，我们学会了商品产品成本表和主要产品单位成本表的编制方法。那么，你将怎样为企业管理者提供有关成本计划完成情况、分析成本升降的原因、挖掘成本降低的潜力方面的资料呢？借助成本报表的分析方法，通过对商品产品成本表、主要产品单位成本表的分析会帮助我们完成任务。

一、成本报表分析的方法

成本报表分析的方法是完成成本报表分析的重要手段，运用得当将对成本分析的整个过程带来有利的影响。在成本分析中，可供采用的技术方法很多，具体采用什么方法，应根据分析的要求和掌握资料的情况而定。

常用的成本报表分析的方法有比较分析法、比率分析法和因素分析法。

（一）比较分析法

比较分析法也称对比分析法，是指通过实际数与基数的对比来揭示实际数与基数之间的差异，借以了解成本管理中的成绩和问题的一种分析方法。工业企业的各种成本报表的分析都要采用这种方法，可以说是成本分析最基本的方法。

由于分析的目的不同，因而所选取的基数也有所不同，一般有计划数、定额数、前期实际数、以往年度同期实际数及本企业的历史先进水平和国内外同行业的先进水平等。如将实际数与计划数或定额数对比，可以揭示计划或定额的执行情况；将本期实际数与前期实际数或往年同期实际数对比，可以考察经济业务的发展变化情况；将本企业实际数与国内外同行业的先进水平对比，可以发现与先进水平之间的差距，等等。

采用比较分析法，应注意相比指标的可比性。进行对比的各项指标，必须是同质数量指标相对比，若相比指标之间有不可比因素，应先按可比的口径进行调整然后再进行对比。

根据分析的需要，比较分析法可采用不同的比较形式，如绝对数比较、增减数比较、指数比较等。例如，上年产品单位成本 50 元，今年单位成本 45 元，今年比上年降低 5 元，降低 10%。

（二）比率分析法

比率分析法是指通过计算各项指标之间的比率，借以考察成本活动相对效益的一种分析方法。比率分析法主要有相关指标比率分析法和结构比率分析法等。

相关指标比率分析法是指通过计算两个性质不同而又相关的指标的比率进行数量分析的方法。例如，计算产值成本率、销售收入成本率或成本利润率，并将实际数与其基数进行对比，就可以反映各企业经济效益的好坏，揭示其与基数之间的差异。

构成比率分析法是指通过计算某项指标的各组成部门占总体的比重进行数量分析的方法。

（三）因素分析法

因素分析法是指依据分析指标与其影响因素之间的关系，按照一定的程序和方法，确定各因素对分析指标差异影响程度的一种技术分析方法。根据其分析特点，因素分析法可分为连环替代法和差额计算法两种。

1. 连环替代法

连环替代法是指用来分析引起某个经济指标变动的各个因素对该项经济指标影响程度的一种数量分析方法。该种分析方法的一般程序如下。

1）确定某项指标是由哪几个因素构成。

2）确定各个因素的排列顺序。

3）逐次替代因素。

4）计算确定每个因素影响的结果。

5）汇总影响结果。

现举例说明连环替代法的运用。

例 10-1　某企业 2012 年 A 产品直接材料费用实际为 4 284 元，计划为3 600元，实际比计划增加了 684 元，其原材料消耗情况如表 10-4 所示。

表 10-4　A 产品直接材料消耗情况表

项　目	单　位	计　划	实　际	差　异
产量	件	20	21	＋1
单位产品直接材料消耗	千克/件	18	17	－1
材料单价	元/千克	10	12	＋2
直接材料费用总额	元	3 600	4 284	＋684

从表中可以看到，直接材料费用实际比计划增加了 684 元，影响因素有产量、单位产品直接材料消耗、材料单价。下面用连环替代法分析各因素的影响程度，计算过程如下。

① 以计划数为基数：20×18×10＝3 600（元）。

② 第一次替换：21×18×10＝3 780（元）；②－①＝＋180（元）（由于产量增加）。

③ 第二次替换：21×17×10＝3 570（元）；③－②＝－210（元）（由于单耗提高）。

④ 第三次替换：21×17×12＝4 284（元）；④－③＝＋714（元）（由于价格下降）。

从分析结果中可以看到，由于产量的增加使直接材料费用实际比计划增加了 180 元，由于单位产品直接材料消耗降低使直接材料费用实际比计划减少了 210 元，由于材料价格上升，使直接材料费用实际比计划增加了 714 元，3 个因素共同影响的结果为：180－210＋714＝684（元）

必须指出的是，用连环替代法确定各因素的影响程度，只是初步的分析，因为经济指标分解后的各因素，往往仍是综合因素，它们仍然包含着错综复杂的原因和影响。为了进一步查明具体原因和潜力所在，分析要由此及彼，由表及里，逐步深入。这就必须深入生产，深入群众，把数量分析和情况调查结合起来加以研究。

2. 差额计算法

差额计算法是连环替代法的一种简化形式。运用这一方法时，先要确定各因素实际数与计划数之间的差异，然后按照各因素的排列顺序，依次求出各因素变动的影响程度。仍用上例数字资料，以差额计算法测定各因素影响程度如下。

首先，确定分析对象：4 284－3 600＝＋684（元）。

其次，计算各因素影响程度。

① 由于产量增加的影响：（＋1）×18×10＝＋180（元）。

② 由于单耗提高的影响：21×（－1）×10＝－210（元）。

③ 由于材料价格下降的影响：21×17×（＋2）＝＋714（元）。

3 个因素共同影响的结果为：180－210＋714＝684（元）

二、全部商品产品成本表的分析

商品产品成本表的分析，一般可以从两个方面进行：一是对全部商品产品成本计划完成情况进行分析；二是对可比产品成本计划完成情况分析。

（一）全部商品产品成本计划完成情况分析

此项分析是将全部产品成本按产品种类汇总，实际成本与计划成本相比较，确定每种产品的成本升降情况。下面以某公司为例进行全部商品产品成本计划完成情况的分析。

例 10-2　根据表 10-1 产品成本表的资料编制全部商品产品成本分析表，如表 10-5 所示。

表 10-5　全部商品产品成本分析表

编制单位：××公司　　　　2012 年度　　　　元

产品名称	计划总成本	实际总成本	实际比计划升降额	实际比计划升降率/(%)
一、可比产品	266 000	269 400	+3 400	+1.28
其中：甲产品	41 000	40 500	−500	−1.22
乙产品	225 000	228 900	+3 900	+1.73
二、不可比产品				
其中：丙产品	130 000	130 520	+520	+0.40
全部产品成本	396 000	399 920	3 920	+1.68

从表 10-5 可以看出，该公司全部商品产品总成本实际比计划上升了 3 920 元，升高了 1.68%，其中可比产品成本实际比计划超支 3 400 元，主要是乙产品成本超支3 900元，而甲产品成本是降低的；不可比产品成本实际比计划超支 520 元。为此，应进一步分析乙产品成本上升的主要原因。

（二）可比产品成本计划完成情况分析

在全部商品产品成本中，可比产品成本一般都占有相当大的比重，因此，在分析全部商品产品总成本之后，还必须对可比产品成本进行分析。分析的具体内容包括可比产品成本计划完成情况分析和可比产品成本降低计划完成情况的因素分析。

1. 可比产品成本降低计划完成情况分析

可比产品成本降低计划是以上年实际平均单位成本为依据确定的，具体包括降低额和降低率两个指标。可比产品成本降低计划完成情况分析，就是将可比产品的实际降低额（按实际产量计算）和降低率与计划降低额（按计划产量计算）和降低率进行比较，来检查是否完成成本降低任务。

例 10-3　假定企业本年可比产品成本降低计划如表 10-6 所示。

表 10-6　可比产品成本降低计划表

元

可比产品	全年计划产量/件	单位成本			总成本		计划降低指标	
		上年实际平均	本年实际	本年计划	按上年实际平均单位成本计算	按本年计划单位成本计算	降低额	降低率/(%)
甲产品	400	84	83	82	33 600	32 800	800	2.381 0
乙产品	200	760	755	750	152 000	150 000	2 000	1.315 8
合　计	—	—	—	—	185 600	182 800	2 800	1.508 6

可比产品降低额＝185 600－182 800＝2 800(元)

可比产品降低率＝2 800÷185 600＝1.058 6%

可比产品成本降低计划的完成情况，根据产品成本表编制的分析表，如表 10-7 所示。

表 10-7　可比产品成本降低计划完成情况分析表

编制单位：××公司　　2012 年度　　元

产品名称	计划成本降低任务		实际成本降低情况	
	降低额	降低率/(%)	降低额	降低率/(%)
甲	800	2.38	400	1.19
乙	2 000	1.32	1 000	0.66
合　计	2 800	1.51	1 400	0.75

表中有关数据计算如下。

计划成本降低额＝Σ[计划产量×(上年实际单位成本－本年计划单位成本)]

＝400×(84－82)＋200×(760－750)

＝2 800(元)

计划成本降低率＝计划成本降低额÷[Σ(计划产量×上年实际单位成本)]×100%

＝2800÷(400×84＋200×760)×100%

＝1.51%

实际成本降低额＝Σ[实际产量×(上年实际单位成本－本年实际单位成本)]

＝400×(84－83)＋200×(760－755)

＝1 400(元)

实际成本降低率＝实际成本降低额÷[Σ(实际产量×上年实际单位成本)]×100%

＝1 400÷(400×84＋200×760)×100%

＝0.75%

从表 10-7 可知，该公司可比产品成本降低计划没有完成，实际比计划少降低 14 元或 0.76%(即 0.75%－1.51%)。下面应进一步分析影响可比产品成本降低任务完成情况的各种因素，以便做出正确评价，提出有效的改进措施。

2. 可比产品成本降低计划完成情况的因素分析

影响可比产品成本降低计划完成情况的因素主要有产品产量、品种结构和单位成本等。

① 产品产量因素。成本降低计划是根据各种产品计划产量制定的，而实际成本降低额和降低率都是根据实际产量计算的。因此，产品品种构成和产品单位成本不变时，产品产量的增减，就会使成本降低额发生同比例的增减而成本降低率却不会发生变化。

② 产品品种结构因素。各种可比产品成本降低率不同，有的大些，有的小些。如果成本降低率大的产品在全部可比产品产量中所占的比重提高，全部可比产品成本降低率就会多降低，降低额也会相应地多降低；反之，降低率和降低额则会少降低。

③ 产品单位成本因素。可比产品成本降低计划和实际完成情况，都是以上年单位成本为基础计算的。这样，各种产品单位成本实际比计划降低或提高，必然引起成本降低额和降低率实际比计划相应地提高或降低。产品单位成本的变动与成本降低额和降低率的变动呈反比。产品单位成本的降低意味着生产中活劳动和物化劳动消耗的节约，因此，分析时应特别注意这一因素的变动影响。

三、主要产品单位成本表的分析

主要产品单位成本表的分析，通常是选择最主要的或成本水平升降幅度较大的产品，研究其单位成本及各个成本项目的计划完成情况，寻求进一步降低成本的具体途径和方法。因此，分析的主要内容包括两个方面：主要产品单位成本计划完成情况分析和主要产品单位成本的成本项目分析。

（一）主要产品单位成本计划完成情况分析

主要产品单位成本计划完成情况分析，是根据企业主要产品单位成本表的具体资料，采用比较分析法，计算单位成本实际比计划、比上期、比历史先进水平的升降情况，然后着重对某些产品进一步按成本项目对比研究，查明影响单位成本升降的原因。

例 *10-4*　假设某公司甲产品单位成本资料如表 10-8 所示。

表 10-8　主要产品单位成本表

编制单位：××公司　　　　2012 年度　　　　元

成本项目	历史先进水平	上年实际平均	本年计划	本期实际
直接材料	280	300	297	294
直接人工	70	65	65	66
制造费用	130	135	133	130
产品生产成本合计	480	500	495	490

以本年实际单位成本同本企业历史先进水平、上年实际平均单位成本、本年计划单位成本比较分析的结果，如表 10-9 所示。

表 10-9 甲产品单位成本比较分析表

编制单位：××公司　　　　2012 年度　　　　元

成本项目	比历史先进水平		比上年实际平均		比本年计划	
	升降额	升降率/(%)	升降额	升降率/(%)	升降额	升降率/(%)
直接材料	+14	+5.00	−6	−2.00	−3	−1.01
直接人工	−4	−5.75	+1	+1.54	+1	+1.54
制造费用	0	0	−5	−3.70	−3	−2.25
合　计	+10	+2.08	−10	−2.00	−5	−1.01

从比较分析的结果看，甲产品本年实际单位成本比计划降低了 5 元，比上年降低了 10 元，比历史最好水平提高了 10 元，并且本年实际单位成本的项目除直接人工以外，其他两个项目均比上年和计划节约了。说明该企业本年在降低成本方面作出了一些成绩，但与历史先进水平相比还有差距。

（二）主要产品单位成本表的成本项目分析

为了进一步分析主要产品单位成本升降的原因，还必须按成本项目进行分析。

1. 直接材料费用分析

直接材料在生产成本中，一般都占有很大的比重，对产品成本水平有着重大影响。因此，直接材料成本项目分析是产品单位成本分析的重点。影响单位产品材料费用的因素有产量、单位产品的材料消耗和材料单价。一般采用因素分析法计算 3 个因素变动对直接材料费用的影响，具体分析可参见本任务中因素分析法中的例题。

在对直接材料进行综合分析之后，还必须进一步分析材料消耗量变动和价格变动的影响因素，揭示直接材料发生差异的具体原因。

2. 直接人工费用分析

直接人工费用的分析必须结合工资制度来进行。在计件工资制度下，影响单位成本中工资费用的因素是计件单价；在计时工资制度下，产品单位成本中的费用受工时数和小时工资率变动的影响。

例 *10-5*　假设某公司乙产品单位产品工资资料如表 10-10 所示。

表 10-10 单位产品工资计算表

编制单位：××公司　　　　2012 年度　　　　产品名称：乙产品

项　目	计　划	实　际	差　异
单位产品耗用工时/小时	180	200	+20
小时工资率/(元/小时)	1.25	1.2	−0.05
单位产品直接人工成本/元	225	240	+15

根据表10-10的资料，运用差额计算法分析单位产品工时数量变动和小时工资率变动对直接人工费用的影响程度如下。

单位产品工时变动的影响＝(实际单耗工时－计划单耗工时)×计划小时工资率
＝(200－180)×1.25
＝＋25(元)

小时工资率变动的影响＝(实际小时工资率－计划小时工资率)×实际单耗工时
＝(1.2－1.25)×8
＝－0.4(元)

单位产品工资费用变动合计＝单位产品工时变动影响＋小时工资率变动影响
＝＋25－0.4
＝＋24.6(元)

从以上计算中可以看出，乙产品单位成本中直接人工费用实际比计划增加15元，主要是由于单位产品耗用工时增加的结果。

在以上分析的基础上，还应进一步分析影响工时数量变动和直接人工费用总额变动的相关因素。

3. 制造费用明细表分析

制造费用明细表的分析，主要采用对比分析法。

采用对比分析法进行分析时，首先将本年实际数与本年计划数进行比较，以便分析和考核全年费用计划的执行情况；其次将本年实际数与上年实际数进行比较，揭示本年实际与上年同期实际之间的增减变化。为了具体分析制造费用增减变动及计划执行情况的好坏和原因，上述对比分析应按照费用项目进行。由于制造费用的项目很多，所以每次分析只能抓住重点，对其中费用支出占总支出比重较大的，或者与计划相比发生较大偏差的项目进行分析。

由于制造费用的性质和用途不同，评价各项费用超支或节约时应结合费用特点具体分析，不能简单地把任何超过计划的费用都看作是不合理。同样，对某些费用项目支出的减少也要做具体分析，有的可能是企业工作业绩，有的则可能是企业工作中的问题。不能孤立地看费用是超支了还是节约了，而应结合其他有关情况，结合各项技术组织措施效果来分析，结合各项费用支出的经济效益进行评价。

模块小结

1. 重点：掌握成本报表的编制和分析的一般方法。
2. 难点：选择适合本企业的成本报表的编制和分析的方法。

思考与实践

1. 到工业企业财务科去实习，了解该企业采用何种方法编制各种成本报表。
2. 运用本模块所学知识设想，假如你是本企业编制成本报表的财会人员，你能编制本企业的成本报表吗？

关键练习

一、名词解释

成本报表　商品产品生产成本表　可比产品与不可比产品　主要产品单位成本表　制造费用明细表　比较分析法　比率分析法　因素分析法　连环替代法　差额计算法

二、简答题

1. 成本报表编制的要求有哪些？
2. 简要说明企业的成本报表的分类。
3. 简要说明成本报表分析的一般方法有哪些。
4. 连环替代分析法的一般程序是什么？
5. 影响可比产品成本降低额和降低率的因素各有哪些？

三、计算分析题

1. 练习材料费用分析。

资料：某企业2012年直接材料费用实际为139 810元，计划为156 000，实际比计划降低了16 190元，其原材料消耗情况如表10-11所示。

表10-11　直接材料消耗情况表

项　目	单　位	计　划	实　际	差　异
产量	件	400	410	+10
单位产品直接消耗材料	千克	30	31	+1
材料单价	元	13	11	−2
直接材料费用总额	元	156 000	139 810	−16 190

要求：用连环替代法计算产品数量、单位产品直接消耗材料数量和材料单位价格变动对材料费用的影响程度。

2. 练习可比产品成本降低计划完成情况分析。

资料：启明公司生产甲、乙两种产品，两种可比产品成本资料如表10-12所示。

表10-12　可比产品成本资料表

可比产品	产量/件		单位成本		
	计　划	实　际	上年实际平均	本年计划	本年实际
甲	15	25	200	185	175
乙	20	18	100	95	97.5
合　计	—	—	—	—	—

要求：计算可比产品成本降低计划完成情况并分析其升降原因。

3. 练习主要产品单位成本的分析。

资料：启明公司生产甲产品，有关资料如表10-13、表10-14所示。

表10-13　主要产品单位成本表

元

成本项目	上年实际平均	本年计划	本年实际
原材料	1 862	1 890	2 047
工资及福利费	150	168	164
制造费用	248	212	209
合　计	2 260	2 270	2 420

表10-14　单位甲产品耗用原材料的资料表

项　目	上年实际平均	本年计划	本期实际
原材料消耗量/千克	950	900	890
原材料单价/元	1.96	2.10	2.30

要求：

① 根据上述资料，分析甲产品单位生产成本的计划完成情况。

② 分析影响原材料费用变动的因素和各因素对材料费用变动的影响程度。

参 考 文 献

[1] 胡玉明,潘敏虹．成本会计[M].3 版．厦门:厦门大学出版社,2010.

[2] 李道刚．成本会计[M]. 北京:中国财政经济出版社,2008.

[3] 丁元霖．成本会计[M]. 上海:立信会计出版社,2008.

[4] 王生交,王振华．成本会计[M]. 大连:东北财经大学出版社,2008.

[5] 蒋国发．成本会计[M]. 北京:清华大学出版社,2008.

[6] 万寿义．成本会计[M]. 大连:东北财经大学出版社,2007.

[7] 黄湘,等．成本会计学[M]. 郑州:河南人民出版社,2007.

[8] 乐艳芬．成本会计[M]. 上海:上海财经大学出版社,2007.

[9] 卓敏．成本会计[M]. 北京:中国市场出版社,2009.

[10] 谢丽萍．成本核算岗位技能实训[M]. 北京:科学出版社,2007.

[11] 汤乐平．成本会计[M]. 北京:高等教育出版社,2008.

[12] 全国会计专业技术资格考试领导小组办公室．成本会计[M]. 北京:经济科学出版社,1999.

[13] 乐艳芳．成本会计[M].3 版．上海:上海财经大学出版社,2010.

[14] 财政部会计资格评价中心．初级会计实务[M]. 北京:经济科学出版社,2013.

[15] 李洛嘉．成本会计[M].6 版．北京:中国财政经济出版社,2010.

[16] 财政部会计司．企业会计准则讲解[M]. 北京:人民出版社,2007.

[17] 中华人民共和国财政部．企业会计准则应用指南 2006[M]. 北京:中国时代经济出版社,2006.

尊敬的老师：

您好。

请您认真、完整地填写以下表格的内容(务必填写每一项)，索取相关图书的教学资源。

教学资源索取表

<table>
<tr><td>书　名</td><td colspan="4"></td><td>作者名</td><td></td></tr>
<tr><td>姓　名</td><td colspan="2"></td><td>所在学校</td><td colspan="3"></td></tr>
<tr><td>职　称</td><td colspan="2"></td><td>职　务</td><td></td><td>职　称</td><td></td></tr>
<tr><td rowspan="2">联系方式</td><td>电　话</td><td colspan="2"></td><td colspan="2">E-mail</td><td></td></tr>
<tr><td>QQ 号</td><td colspan="2"></td><td colspan="2">微信号</td><td></td></tr>
<tr><td colspan="2">地址（含邮编）</td><td colspan="5"></td></tr>
<tr><td colspan="3">贵校已购本教材的数量(本)</td><td colspan="4"></td></tr>
<tr><td colspan="2">所需教学资源</td><td colspan="5"></td></tr>
<tr><td colspan="2">系/院主任姓名</td><td colspan="5"></td></tr>
</table>

系 / 院主任：________________（签字）

（系 / 院办公室公章）

20_____年____月____日

注意：

① 本配套教学资源仅向购买了相关教材的学校老师免费提供。

② 请任课老师认真填写以上信息，并请系 / 院加盖公章，然后传真到 (010) 80115555 转 718438 索取配套教学资源。也可将加盖公章的文件扫描后，发送到 fservice@126.com 索取教学资源。欢迎各位老师扫码关注我们的微信号和公众号，随时与我们进行沟通和互动。

③ 个人购买的读者，请提供含有书名的购书凭证，如发票、网络交易信息，以及购书地点和本人工作单位来索取。

微信号　　　　公众号

中国工信出版集团　　電子工業出版社 PUBLISHING HOUSE OF ELECTRONICS INDUSTRY

反侵权盗版声明

举报电话：(010)88254396；(010)88258888
传　　真：(010)88254397
E－mail　：dbqq@phei.com.cn
通信地址：北京市万寿路173信箱
　　　　　电子工业出版社总编办公室
邮　　编：100036